W0333084

NIE SCHWEIGEN

Esther Bejarano
mit Sascha Hellen

NIE SCHWEIGEN

*„Ihr sollt die Stimme gegen das Vergessen sein,
wenn wir nicht mehr da sind."*

BONIFATIUS

Bibliografische Information der Deutschen Nationalbibliothek:
Die Deutsche Nationalbibliothek verzeichnet diese Publikation in der Deutschen Nationalbibliografie; detaillierte bibliografische Daten sind im Internet über http://dnb.d-nb.de abrufbar.

Klimaneutrale Produktion.
Gedruckt auf umweltfreundlichem, chlorfrei gebleichtem Papier.

MIX
Papier aus verantwortungsvollen Quellen
FSC® C083411

Der Verlag weist ausdrücklich darauf hin, dass bei Links im Buch zum Zeitpunkt der Linksetzung keine illegalen Inhalte auf den verlinkten Seiten erkennbar waren. Auf die aktuelle und zukünftige Gestaltung, die Inhalte oder die Urheberschaft der verlinkten Seiten hat der Verlag keinerlei Einfluss. Deshalb distanziert sich der Verlag hiermit ausdrücklich von allen Inhalten der verlinkten Seiten, die nach der Linksetzung verändert wurden und übernimmt für diese keine Haftung. Alle Internetlinks zuletzt abgerufen am 2.11.2021.

© 2022 Bonifatius GmbH Druck | Buch | Verlag, Paderborn
Alle Rechte vorbehalten. Das Werk darf – auch teilweise – nur mit Genehmigung des Verlags wiedergegeben werden, denn es ist urheberrechtlich geschützt.

Umschlaggestaltung: Weiss Werkstatt München, werkstattmuenchen.com
Umschlagfotos u. Fotos innen: Laurence Chaperon / Lamalo Consulting
Foto Dr. Josef Schuster: Pressestelle Zentralrat der Juden in Deutschland
Satz: Bonifatius GmbH, Melanie Schmidt
Druck und Verarbeitung: CPI books GmbH, Leck
Printed in Germany

ISBN 978-3-89710-920-9

Weitere Informationen zum Verlag:
www.bonifatius-verlag.de

Inhalt

Ihr sollt die

Stimme

gegen das Vergessen

sein, wenn wir nicht mehr

da sind.

Esther Bejarano

Esther Bejarano
1924 – 2021

Vorwort Leon Goretzka

„Leon, Sie und Ihre Generationen müssen in Zukunft die Zeitzeugen sein, die ich und andere Holocaust-Überlebende schon bald nicht mehr sein können. Tragen Sie unsere Botschaften weiter, damit sich eines der dunkelsten Kapitel der Geschichte niemals wiederholt."

Die Worte klingen noch in meinen Ohren. Gesagt hat sie Margot Friedländer bei unserem persönlichen Treffen im Jahr 2020. Es ist nur ein Satz von vielen aus einem unvergesslichen Gespräch mit einer Holocaust-Überlebenden, der mich darin bestärkt, gegen Rassismus, Antisemitismus und Fremdenfeindlichkeit aufzustehen.

Das Buch von Esther Bejarano macht genau das: Es trägt unfassbar wichtige Botschaften gegen das Vergessen hinaus in die Welt. Es sind die persönlichen Botschaften von Esther Bejarano – einer Frau, die ihr Leben lang gegen das Vergessen gekämpft hat.

In Zeiten, in denen eine Partei am rechten Rand bei Wahlen in Deutschland wieder zweitstellige Prozentzahlen erreicht, sich rassistische und antisemitische Übergriffe häufen, ist das Handeln gegen das Vergessen wichtiger

Wir müssen die Werte
und das Versprechen
unseres Grundgesetzes
in unserer Gesellschaft
noch stärker
mit Leben füllen.

Leon Goretzka

denn je. Wir müssen klar und deutlich Stellung beziehen, jede und jeder Einzelne von uns. Gegen Widerstände müssen wir gemeinsam ankämpfen, um etwas zu verbessern. Und wir müssen klarmachen, dass wir in einer Demokratie leben, die durch nichts und niemanden kaputtgemacht werden kann und darf. Nur durch eine breite und unerlässliche Aufklärung lässt sich verhindern, dass ein solcher Zivilisationsbruch jemals wieder möglich ist.

Wir müssen die Werte und das Versprechen unseres Grundgesetzes in unserer Gesellschaft noch stärker mit Leben füllen. Als Fußballspieler weiß ich, dass Mannschaftssport das perfekte Sinnbild dafür ist, wie eine Gesellschaft funktionieren sollte: Es ist vollkommen egal, wo du herkommst, welche Sprache du sprichst, in welcher Religion du dich zu Hause fühlst und was für eine Kultur du lebst. Ich wünsche mir, dass das eines Tages noch viel klarer für unser Land gilt.

Bücher wie das von Esther Bejarano sind von unfassbarem Wert, weil sie uns daran erinnern, zu welchen Taten Menschen imstande sind. Esther Bejarano hat ein Leben lang ihre Stimme erhoben und ihre Erfahrungen geteilt. Für uns. Für unsere Zukunft. Für nächste Generationen. Dafür bin ich ihr dankbar!

Leon Goretzka
Spieler der Deutschen Fußball-Nationalmannschaft
und des FC Bayern München

Vorwort Samuel Koch

13. November 2019, Rotes Rathaus Berlin:
Goldene Erbse, Ehrenpreis für soziales Engagement. Der Preis ist eine Ehrung für jene, die wie die Helden im Märchen für das Gute in der Welt kämpfen und Hoffnung in den Menschen wecken.

Gerührt ob der Laudatio ergreift sie schweigend meine, sich regungslos anbietende Hand. Sie zieht und drückt sich aus ihrem Rollstuhl, schleppt sich auf die Bühne, richtet sich auf und dann – in diesem Moment – scheint sich eine Verwandlung zu vollziehen.

Vor wenigen Augenblicken noch neben mir,
mehr kauernd als sitzend,
sichtlich gebeugt und gezeichnet vom Gram auf das letzte Jahrhundert unserer Erde,
von ihrer Betreuerin präpariert,
mit kleinen Wasserschlucken und Medikamenten versorgt,
richtet sie sich auf.

Sie erhebt ihr Wort und zu uns spricht Esther Bejarano:

flammend,

mit Nachdruck,

resonanzreich,

die ehrwürdig knisternde Stille des Rathauses beschallend mit einer scheinbar schier unermüdlichen Energie und Inbrunst.

Für mich als Schauspieler zusätzlich beeindruckend; denn es wirkt als spreche sie diese Worte zum ersten Mal – doch das tat sie nicht.

Im Gegenteil: Zu diesem Zeitpunkt appellierte sie seit nunmehr 74 Jahren an die Menschen und trotzdem handelte es sich nicht um eine verjährte Angelegenheit, sondern um ein Thema, dass schockierenderweise aktueller ist denn je:

Antisemitismus,

Fremden- und Judenhass,

jüdische Gräber beschmutzt,

mit Hakenkreuzen beschmiert,

Kinder werden gemobbt,

Kindergärten von jüdischen Kindern sind mit Panzerglas umrahmt und von Securitys bewacht,

Synagogen werden angegriffen, angezündet,

Juden verstecken ihre Kippa, wenn sie das Land bereisen oder legen sie gar ab, da sie Angst haben müssen – nach wie vor in unserem Land.

Eine Freundin von mir aus einer messianisch-jüdischen Gemeinde, welche die Räumlichkeiten meiner ersten Kirchengemeinde in Koblenz mitnutzt, feiert mit ihrer jüdischen Familie samstags den Sabbat.

Sie berichtet mir, dass sie im Alltag Zettel zugesteckt bekommt, auf denen Adolf Hitler gemalt ist, dass Hakenkreuze von den Mitschülern an die Tafel gemalt werden und ihr zugerufen wird: „Hey, schau mal; früher hätte ich dich vergast!" Sie ist jahrelang weinend nach Hause gekommen – von ihrem deutschen Gymnasium.

Das ist kein Einzelfall! Das findet heute überall und immer noch in Deutschland statt.

Das kann und darf nicht wahr sein und deshalb wiederhole ich – um nicht mit meinen eigenen, sondern den Worten von Esther Bejarano abzuschließen – ihren Worten, die mir damals bei unserer ersten Begegnung so laut unter die Haut gingen: *„Bitte vergesst nicht! Das ist meine Bitte an euch."*

Samuel Koch
Schauspieler und Autor

Einleitung

„Eigentlich habe ich ja bereits alles erzählt. Und noch einmal die ganze Geschichte wiederholen, das schaffe ich zurzeit nicht."

Esther Bejarano klingt müde am Telefon, als ich sie von Hamburg aus anrufe, ganz anders als vor ein paar Monaten. Da hat sie in einem Podcast leidenschaftlich für ein stärkeres Engagement gegen Intoleranz, Antisemitismus und jede Form von Fremdenfeindlichkeit geworben. Wir wollen uns in wenigen Stunden treffen. Doch es ist etwas Unvorhergesehenes passiert. Wir sind in diesem Moment einer Absage näher als einer erneuten persönlichen Begegnung – und das obwohl wir den Termin schon vor Wochen miteinander verabredet und einander per E-Mail bestätigt haben.

Der Grund: Esther Bejarano ist die Nacht zuvor gefallen. Sie hat stundenlang auf dem Boden ihrer Hamburger Wohnung gelegen, weil sie den Nothilfeknopf nicht erreichen konnte. Wie ihr das zugesetzt hat, ist am Telefon hörbar. Als ich erwähne, dass die beiden Jugendlichen, Florian und Kay, auch bereits in Hamburg eingetroffen sind, hadert sie mit sich und ihrer Verfassung. Und einen Moment später ändert sich ihre Meinung. Sie möchte das Treffen stattfinden lassen. Denn das ist ihr besonders wichtig: der Dialog mit jungen Menschen. Sie will wachrütteln.

Für 15 Uhr bestellt uns Esther Bejarano in ihre Wohnung. Wir treten ein, nehmen Platz. Ihr Wohnzimmer ist geschmückt mit Büchern und Bildern, den Erinnerungen an ein bewegtes Leben und an ihre vielen Auftritte. Wir bedanken uns, dass sie trotz all der Umstände sich Zeit für das Gespräch nimmt. Man merkt ihr an, wie schwer die letzte Nacht war. Doch dann erhebt sie ihre Stimme.

Esther Bejarano ist als Holocaust[1]-Überlebende, als Zeitzeugin, seit vielen Jahren in Deutschland wie international eine laute Stimme gegen Antisemitismus und Rassismus – trotz aller Anfeindungen und Bedrohungen. Anders als bei manch anderen Veranstaltungen gibt es privat keinerlei gesonderten Schutzmaßnahmen für sie. Selbst im Hamburger Telefonbuch ist sie mit kompletter Anschrift gelistet.

Heute will sie wieder davon erzählen und Fragen beantworten, wie sie dem Bösen ins Gesicht geblickt und das Konzentrationslager Auschwitz überlebt hat. Erzählen gegen das Vergessen.

---

1 Während des Zweiten Weltkriegs ermordeten die Nazis fast sechs Millionen europäischer Juden. Diesen Genozid bezeichnet man als „Holocaust“.

Sie sitzt in einem abgewetzten Ledersessel, hinter ihr das Wohnzimmerfenster, das einen Blick in den Garten freigibt, die Fensterbank ist voller Blumen. In Reichweite befindet sich ihr Akkordeon. Das Instrument ist 150 Jahre alt und ihr treuer Wegbegleiter bei vielen Konzerten. Alleine kann sie es an diesem Tag nicht mehr heben. Aber ihre Stimme klingt trotz der Ereignisse der Nacht kraftvoll und eindrücklich, wenn es darum geht, an Florian (16) und Kay (18) das weiterzugeben, was sie erlebt hat.

*

Florian und Kay kommen aus Bochum. Beide setzen sich schon seit Jahren aus persönlichem Interesse mit den Themen jüdisches Leben und Antisemitismus auseinander.

Kay studiert Germanistik und Geografie an der Ruhr-Universität in Bochum. Die Coronapandemie erschwert das Studium, der Austausch mit den Kommilitonen findet digital statt. Bereits in seiner Schulzeit hatte Kay an einem Austauschprojekt mit Jugendlichen in Israel und in den Palästinensischen Gebieten teilgenommen. Dies ist drei Jahre her, den Kontakt zu den Jugendlichen aus Tel Aviv und Ramallah hat er nicht abreißen lassen. Über Instagram und Snapchat halten sie miteinander Kontakt und tauschen sich aus über Musik, Fußball, Klamotten ... manchmal auch kontrovers, wenn es um politische Entwicklungen geht.

Schon lange war es Kays Wunsch, solange es noch möglich ist, einen Menschen zu treffen, der den Holocaust überlebt hat – einen Zeitzeugen.

Florian hat gerade seine Ausbildung zum Veranstaltungskaufmann begonnen, nebenbei hat er in diesem Bereich auch schon gejobbt. Durch seinen Berufswunsch ist er mit Veranstaltungen in Kontakt gekommen, die sich gegen Antisemitismus und Fremdenfeindlichkeit positionieren. Lesungen und Diskussionsrunden, die auf die vielen antisemitischen Übergriffe aufmerksam machen, die es in Deutschland gibt. Die „politisch motivierten Straftaten", wie es oftmals in den Berichten der Behörden heißt, haben ihn aufhorchen lassen. Noch immer gibt es so viele Übergriffe auf jüdische Mitbürger – selbst in einem Jahr 2021, in dem gefeiert wird, dass 1700 Jahre jüdisches Leben in Deutschland stattfindet – trotz allem.

Auf die Begegnung mit Esther Bejarano ist Florian sehr gespannt, er hat sich für das Gespräch gut vorbereitet.

Florian und Kay sind sich des außergewöhnlichen Geschenks, mit Esther Bejarano von Angesicht zu Angesicht sprechen zu können, ihr Fragen stellen zu dürfen, sehr bewusst. Sie begegnen der 96-jährigen Dame geradezu ehrfürchtig.

Mit einem flotten Spruch bricht Esther Bejarano gleich das Eis – und das, obwohl sie Schmerzen hat vom Sturz in der Nacht, den Stunden auf dem kalten Steinboden. Die beiden wissen, was es bedeutet, dass Frau Bejarano dem Treffen unter diesen Voraussetzungen zugestimmt hat.

*

Ein paar Wochen später kommt folgende Nachricht als Eilmeldung über die Ticker der Nachrichten: „Trauer um Holocaust-Überlebende: Esther Bejarano ist tot." Die Nachricht bedrückt uns drei sehr, wirklich überraschend ist sie allerdings nicht. Denn als wir nach unserem Gespräch in Hamburg ihre Wohnung verließen, ahnten wir bereits, es könnte für uns die letzte Begegnung mit Esther Bejarano gewesen sein. Wir waren uns einig, Frau Bejarano wirkte müde, und waren uns unsicher, wann und ob überhaupt der zweite Teil, eine Fortsetzung des Gesprächs noch stattfinden könnte.

Mit Florian bin ich an diesem Tag zufällig unterwegs. Er hält lange inne, schweigt. Man spürt, dass er

Zeit braucht, die Todesnachricht zu verarbeiten. Von Kay erhalte ich Minuten später, nachdem die Meldung über den Ticker kam, eine Nachricht über WhatsApp: „Ich bin echt froh und dankbar, Frau Bejarano getroffen zu haben."

In unserem Gespräch sagte Esther Bejarano: „Ihr sollt meine Stimme gegen das Vergessen sein, wenn wir nicht mehr da sind." Zweifelsohne hat sie mit diesem Interview ihr Ziel erreicht. Sie hat zwei Jugendliche wie auch mich sehr eindrücklich erreicht mit ihrer Botschaft: Nie schweigen. Sich einbringen, einmischen, gegen Intoleranz ankämpfen. Es war und ist für uns ein Geschenk, ihre Geschichte, ihre Stimme gegen Antisemitismus und Rassismus ganz persönlich und unmittelbar gehört zu haben und diese nun weitertragen zu dürfen. Unser Gespräch in Hamburg wirkt im Nachhinein wie Esther Bejaranos Vermächtnis.

NIE SCHWEIGEN

Ein Gespräch mit Esther Bejarano

Hamburg, 12. Juni 2021

Die jungen Menschen
wissen heute
viel zu wenig über das,
was in der Nazizeit
geschehen ist.

Esther Bejarano

Sascha Hellen

Frau Bejarano, wir möchten heute mit Ihnen über die deutsche Erinnerungskultur[2], den Umgang mit dem Gedenken an den Holocaust und die Geschichte des Nationalsozialismus sprechen wie auch über das persönlich Erlebte. Sie als Musikerin, Künstlerin, Aktivistin und Überlebende des Holocaust – sind Sie zufrieden mit der Erinnerungskultur, die wir hier in Deutschland pflegen?

Nicht ganz. Natürlich wird viel gemacht, aber man könnte noch mehr machen. Es ist ganz wichtig, dass die Jugend erfährt, was damals geschah. Das ist das, was ich seit vielen Jahren mache, was ich mir zur Lebensaufgabe erklärt habe: Ich erzähle jungen Menschen meine Geschichte. Ich spreche über Auschwitz und Ravensbrück.

Die jungen Menschen wissen heute viel zu wenig über das, was in der Nazizeit geschehen ist. Sie haben keine Ahnung, wie es so weit kommen konnte. Ich mache ihnen keinen Vorwurf. Ich sehe allerdings in bestimmten politischen Strömungen heute den Nährboden, dass so etwas sich wiederholen könnte. Wir müssen miteinander sprechen, wir müssen darüber

2 Erinnerungskultur bezeichnet den Umgang des Einzelnen und der Gesellschaft mit ihrer Vergangenheit und ihrer Geschichte. Erinnerungskulturen sind die historisch und kulturell variablen Ausprägungen von kollektivem Gedächtnis.

sprechen. Ich kann den jungen Leuten nur raten: Lasst euch nicht krallen! Lasst euch nicht auf die ein! Seid dagegen!

Sascha Hellen

Was können wir in Bezug auf die Erinnerungskultur verbessern?

Bis heute gibt es zu wenig Aufklärung. Gerade nach 1945 hatten wir so gut wie überhaupt keinerlei Berichte über die schrecklichen Jahre der NS-Diktatur. Sie wurde nicht erwähnt, so gut wie gar nichts wurde erwähnt. Die damalige Zeit wurde komplett ausgeklammert. Hier hat sich die Bundesrepublik nicht mit Ruhm bekleckert. Außerdem hat Adenauer[3] so und so viele Nazis in die Regierung geholt; ich erinnere nur an Hans Globke. Er war damals der verantwortliche Beamte für die judenfeindliche Namensänderungsverordnung[4], einer der Mitverfasser der sogenannten „Nürnberger

3 Konrad Adenauer war von 1949 bis 1963 erster deutscher Bundeskanzler. Er war Oberbürgermeister von Köln und wurde in der Zeit des Nationalsozialismus von seinen Ämtern enthoben und zeitweise inhaftiert. Konrad Adenauer gehört zu den Mitbegründern der deutschen Partei „Christlich Demokratische Union“ (CDU).

4 Gesetz von 1938, bei dem jüdische Deutsche ihre Vornamen kenntlich machen mussten. Sofern sie nicht ohnehin bereits einen jüdischen Vornamen trugen, der von den Behörden als „typisch“ angesehen wurde, mussten sie ab Januar 1939 zusätzlich den Vornamen „Israel“ oder „Sara“ annehmen.

Rassengesetze“[5]. Und so einer wurde plötzlich unter Konrad Adenauer Chef des Bundeskanzleramts.

Die Deutschen haben auch viele Nazis ins Ausland flüchten lassen. Man hat die Strafverfolgung in den ersten Jahren nicht konsequent genug durchgeführt. Auch in den 50er- und 60er-Jahren waren viele Institutionen, Behörden und Schulen noch immer durchtränkt von ehemaligen Sympathisanten der NS-Zeit. Es hat viel zu lange gebraucht, bis man hier aufgeräumt hat. Ganz offen gesagt: Diese Menschen haben ja nicht von heute auf morgen ihre Ideologie geändert und ihr Denken abgelegt. Nein, dieses braune Denken war noch immer in den Köpfen!

Kay

Was kann ich als Jugendlicher tun, um mich gegen Parteien wie die AfD abzugrenzen und für Demokratie zu kämpfen?

Ihr müsst gegen die arbeiten! Ihr müsst eure Stimme erheben, euch einmischen, euch einbringen! Das ist das, was ich mein ganzes Leben lang tue.

---

5 1935 erlassen. Sie dienten den Nationalsozialisten als Legitimationsgrundlage für die Diskriminierung und Verfolgung der jüdischen Bevölkerung. Das Gesetz wurde „zum Schutz des deutschen Blutes“ erlassen und ist in den Augen der Historiker die Vorstufe zur systematischen Ermordung von rund sechs Millionen Jüdinnen und Juden.

Warum mache ich das alles? – Weil ich erlebt habe, was geschehen wird, wenn diese rechtslastigen Parteien noch mehr Einfluss bekommen. Sie sind geschickt und wissen ganz genau, wie sie junge Leute kriegen können. Zum Beispiel in dieser schwierigen Zeit mit Corona. Es macht mir Sorge, wenn ich Bewegungen wie die sogenannten Querdenker sehe. Das ist totaler Schwachsinn! Ein Haufen von Menschen, die ihre Unzufriedenheit vor sich hertragen. Ich bin sehr traurig darüber, dass sich Deutschland so entwickelt hat, und meine große Sorge ist, dass wir einen Rechtsruck in der Politik nicht verhindern können. Wir müssen uns zusammentun, wir dürfen nicht weiter schweigen, denn sonst wird es wieder so kommen, wie es einmal war. Das müssen wir verhindern!

Florian

Sie finden da klare Worte und stehen im Telefonbuch mit Adresse und Rufnummer. Haben Sie keine Angst?
Angst macht es mir nicht, ich bin nicht so ein ängstlicher Mensch. Aber ich habe natürlich schon ein paarmal die Stimmung zu spüren bekommen.

Einmal habe ich blöderweise der BILD-Zeitung ein Interview gegeben. Ich wollte das eigentlich nicht, aber diese Redakteurin hat mich so gebeten und gesagt, dass es unter den BILD-Zeitungslesern ja auch anständige

Leute gebe, die auch mal was Anständiges hören möchten. Da habe ich mich überreden lassen und dann doch ein Interview gegeben. Das war groß im Blatt, und am nächsten Tag habe ich in der Früh einen Anruf bekommen. Am Telefon war eine Männerstimme: *„Ich habe Ihren Beitrag in der BILD-Zeitung gelesen. Scheiß Jüdin!"* Und er hat aufgelegt.

Sascha Hellen

Und das macht Ihnen wirklich keine Angst?

Er wird mich nicht von meinem Weg abbringen, selbst wenn jemand so etwas zu mir sagt. Niemand wird mir ausreden können, dass ich in Schulen gehe, meine Geschichte erzähle, als Zeitzeugin weiterarbeite. Wenn die denken, sie könnten mich beleidigen oder mich bedrohen, das macht mir nichts aus. Das zeigt doch nur, wes Geistes Kind diese Leute sind.

Wir haben die AfD im Bundestag, in allen Länderparlamenten. Wir haben Querdenker, wir haben Reichsbürger. Ich frage mich: Wie ist der Zustand dieses Landes? In unserem Grundgesetz steht, dass alle Nachfolgeorganisationen der NSDAP[6] verboten sind …

6 Die Abkürzung steht für die „Nationalsozialistische deutsche Arbeiterpartei", die von 1933 bis 1945 als einzig zugelassene Partei herrschte. Parteivorsitzender war ab 1921 Adolf Hitler.

Was sind denn diese rechtslastigen Parteien, die heute auftreten, anderes als Nachfolgeorganisationen? Mir kommen die Sprüche und die Hetze bekannt vor: die antisemitischen Bemerkungen, die abfälligen Aussagen gegenüber Flüchtlingen, … Das dürfte doch eigentlich überhaupt nicht mehr passieren in unserer aufgeklärten Zeit. Wir wollen so modern und so tolerant sein. Warum bitte schaffen wir es nicht, unser Rassismus-Problem in den Griff zu bekommen?

Ich begreife nicht, dass man sich hier nicht nach dem Grundgesetz richtet. Dass heute immer noch Nazis auf den Straßen herumlaufen und den Hitlergruß großspurig herumbrüllen können! Für den einen oder anderen ist das wahrscheinlich ein Aufreger. Für uns, die es erleben mussten, ist das nicht nur widerlich, es ist unerträglich! Ich kann es nicht mehr hören.

Wir müssen dagegen angehen, denn es ist schlecht für Deutschland! Wir brauchen einen stärkeren Zusammenhalt! Wir dürfen nicht schweigen, denn was Schweigen anrichtet, haben wir schon in den 30er-Jahren gesehen. Die Menschen haben geschwiegen, haben sich nicht darum gekümmert. Die wirtschaftliche Situation war katastrophal, es gab viele Arbeitslose, und durch das Schweigen der Mehrheit war es möglich, dass die Nazis an die Macht kommen konnten.

Kay

Kommt so etwas häufiger vor?

Mit den Anrufen? – Ich bekomme hin und wieder Anrufe, und wenn ich nicht zu Hause bin, ist der Anrufbeantworter an. Da habe ich manchmal Nachrichten drauf wie „*Du Saujud!*“ oder „*Mach, dass du wegkommst hier aus Deutschland, du hast hier nichts zu suchen!*“. Früher hat mich das stärker aufgewühlt, heute stört mich das nicht mehr.

Sascha Hellen

Sie sind in Deutschland geboren, in Saarlouis, und leben, nachdem sie viele Jahre im Ausland verbracht haben, schon seit langer Zeit wieder hier in Deutschland, in Hamburg. Wie schwer war das für Sie, zurückzukommen in das Land der Täter?

Das war sehr schwer. Aber wir hatten keine andere Wahl. Ich habe ja in Israel beziehungsweise in Palästina[7] gelebt. Als ich dorthin ausgewandert bin, da gab es Israel noch gar nicht. Das war 1945.

---

7 Vor Gründung des Staates Israel im Mai 1948 wurde die Region unter britischem Mandat als „Palästina“ verwaltet.

Als Adolf Hitler Reichskanzler wurde, im Januar 1933, war Esther Bejarano acht Jahre alt. Die NSDAP hatte die Macht ergreifen können, finanzkräftige Kreise hatten Adolf Hitler den Weg geebnet. Adolf Hitler, der selbst ernannte „Führer", versprach den Deutschen nicht nur Arbeit und Wohlstand, er gab ihnen nach Jahren der wirtschaftlichen Rezession wieder Hoffnung und Optimismus. Aber es war auch Adolf Hitler, der die Juden für das bisherige Unheil verantwortlich machte. Relativ schnell machten die NSDAP-Schergen den Antisemitismus salonfähig.

Esther Bejaranos Vater wollte dies lange Zeit nicht wahrhaben und hoffte, dass der Spuk bald vorübergehen würde. Er war Oberkantor[8] der jüdischen Gemeinde und nebenbei leitete er noch einen großen Arbeiterchor in einem Vorort von Saarbrücken. Oftmals kamen über 100 Sänger zu den Proben und Auftritten.

Die Familie war beliebt und empfing zu Hause oft Gäste. Hausmusik stand auf der Tagesordnung und jeden Freitagabend kam der junge Rabbiner Dr. Lothar Rothschild zum Abendessen. Er war knapp 25 Jahre alt, gutaussehend, charmant und hatte formvollendete Manieren.

---

8 Der Kantor ist der Vorbeter in der Synagoge, von dem nicht nur eine gute Stimme, sondern vor allem eine große Kenntnis der jüdischen Liturgie und der Gebote erwartet wird.

Während unseres Gesprächs gerät Esther Bejarano ins Schwärmen, als die Erinnerungen an die sonnigen Junitage von damals aufblitzen. „Ja, auch ich war verliebt in ihn und ich ging auch seinetwegen in die Synagoge“, gesteht sie. „Daraus mache ich keinen Hehl.“ Gemeinsam mit dem Rabbiner wurde Woche für Woche der Schabbat eingeläutet, der jüdische Ruhetag, der bereits am Freitagabend mit einer Feier und einem Festmahl beginnt, dann am Samstag mit einem Gottesdienst in der Synagoge fortgesetzt wird und noch bis zum Abend dauert. Religiöse Juden dürfen am Schabbat keine Arbeit verrichten.

In Berlin und im restlichen Deutschen Reich bekamen Mitte der 1930er-Jahre immer mehr jüdische Familien Ausgrenzung, Bedrohung und Ablehnung zu spüren. In der Familie Loewy, so der ursprüngliche Herkunftsfamilienname von Esther Bejarano, war davon nichts zu spüren, man lebte weitgehend unbeschwert weiter.

Wer Esther Bejarano verstehen will, muss ihre Biografie kennen (siehe Seite 129), das macht sie uns in unserem Gespräch immer wieder deutlich. Sie hing sehr an ihren Eltern, Rudolf Loewy und der aus Thüringen stammenden Lehrerin Margarethe Loewy, geborene Heymann. Und dann waren da noch ihre Geschwister und ihre Kindheit in einem Deutschland, das im Umbruch war.

Die Eltern glaubten, dass die politische Stimmung sich nicht weiter durchsetzen würde ... bis sie 1937 erkannten, dass die Kinder in diesem Land nicht mehr sicher waren. Sie wollten Deutschland eigentlich nicht verlassen, es war schließlich ihr Heimatland, doch dann wuchs die Sorge um Esther, ihren Bruder Gerhard und ihre Schwestern Tosca und Ruth zunehmend.

Sascha Hellen

Wie kam es dazu, dass Sie später nach Kriegsende ausgewandert sind?

Ich wollte nach Palästina gehen, zu meiner Schwester Tosca, die schon im Jahr 1937 von meinen Eltern nach Palästina geschickt worden war. Sie war dort in einem landwirtschaftlichen Betrieb untergekommen. Das musste natürlich bezahlt werden, meine Eltern haben das übernommen.

Auch mein Bruder war bereits gegangen. In die USA. Wir hatten Verwandte dort, die haben ihn aufgenommen. Meine Schwester Ruth wollte auch nach Palästina ...

Sascha Hellen

Sie haben die Gründung des Staates Israel 1948 also hautnah miterlebt?

Die habe ich miterlebt, ja. Ich habe dort eine Familie gegründet und meinen Mann kennengelernt, der vom Holocaust überhaupt keine Ahnung hatte, weil er das gar nicht kannte … er ist nämlich in Israel geboren. Er war also ein sogenannter „Sabre“[9] – einer, der in Israel geboren wurde. Und meine Kinder sind ja auch in Israel geboren. Die hatten natürlich überhaupt keine Ahnung, was das heißt, durch den Holocaust gekommen zu sein, das erlebt und überlebt zu haben.

Sascha Hellen

Was hat Sie dann zurück nach Deutschland gebracht?
Als ich in Israel lebte, habe ich von Deutschland einen sogenannten „Heimatschein“ bekommen. Der besagte, dass ich nie die deutsche Staatsangehörigkeit verloren habe. Außerdem war ich deutschsprachig, was ja sehr wichtig ist. Denn lebt man mit einer Familie im Ausland oder wandert von Israel oder einem anderen Land aus, und man kommt zurück nach Deutschland und kann sich nicht unterhalten mit den Menschen, das ist doch schrecklich. Man brauchte die deutsche Sprache. Und ich hatte einfach die Möglichkeit, nach Deutschland zu

9 „Sabre“ ist eigentlich eine Kaktusfrucht (außen stachelig, innen süß und saftig), die in Israel wächst. So werden bis heute die in Israel geborenen Juden genannt. Man sagt, die in Israel geborenen Israelis seien auf den ersten Blick etwas „stachelig“, aber dann doch sehr warmherzig.

kommen, weil ich erst mal die deutsche Staatsangehörigkeit hatte und weil man mir zugesichert hat, wenn ich nach Deutschland zurückkomme, würde mir der Staat irgendwie helfen … also, wirtschaftlich helfen.

Sascha Hellen

Wann sind Sie zurückgekommen nach Deutschland?
1960.

Sascha Hellen

Was ist typisch deutsch an Ihnen?
Was typisch deutsch an mir ist? Mein Gott, ich bin in Deutschland geboren, ich habe lange in Deutschland gelebt, hatte ein wunderbares Elternhaus. Ich habe sozusagen die deutsche Kultur in mich eingesogen.

Sascha Hellen

War es schwer für Sie zu verzeihen?
Ich habe nie verziehen. Das hat damit überhaupt gar nichts zu tun. Ich brauche weder den Menschen, die heute leben, noch denen, die damals gelebt haben, als ich nach Deutschland gekommen bin, etwas zu verzeihen – weil sie ja gar nichts gemacht haben. Ich kann

nur nicht verzeihen, wenn es Leute gibt, die diese menschenverachtende Ideologie immer noch haben. Ihnen verzeihe ich nie. Aber das sind eben heute die Neonazis, und denen kann ich nicht verzeihen, das ist ganz klar.

Florian

In unserer Gesellschaft hat der Antisemitismus wieder Fuß gefasst. „*Du Jude!*" ist heute ein gängiges Schimpfwort auf deutschen Schulhöfen und in der Rap-Musik gibt es antisemitische Textstellen. Sie sind 96 Jahre alt und kämpfen gegen all das. Das ist doch nicht Ihre Aufgabe als 96-Jährige, das ist doch eher unsere Aufgabe, oder?

Es ist natürlich eure Aufgabe, aber ich muss euch dazu bringen. Es gibt viele Jugendliche, mit denen ich spreche und die mir zuhören. Nachher schreiben sie mir Briefe und bedanken sich, dass ich meine Geschichte mit ihnen geteilt habe. Viele von ihnen erzählen mir, dass sie selbst in ihrer Familie Menschen haben, die damals mitgemacht haben. Wenn sie Fragen stellen, weichen die Großeltern oder Urgroßeltern aus … die wollen nichts erzählen.

Es gibt nur wenig Auseinandersetzung mit der Vergangenheit, das ist die große Tragödie. Noch immer haben wir ein Problem damit, unsere eigene Geschichte zu akzeptieren. Und, Florian, natürlich fällt es mir immer schwerer zu reisen und all diese Termine wahrzunehmen. Ich hoffe, dass eines Tages du ein Sprachrohr gegen Antisemitismus und Faschismus sein wirst. Ich hoffe, dass du meine Geschichte erzählen wirst. Es treibt mich um.

Und wo du das Thema Musik ansprichst: Hierzu habe ich ja auch klar Stellung bezogen. Es ist brandgefährlich, dass Rapper jetzt die historischen Ereignisse aus dem Kontext reißen und in ihren Liedern einbauen. Viele Jugendlichen wissen gar nicht, was sie da mitgrölen. Und dadurch verbreiten sie immer mehr antisemitische Botschaften, manchmal tatsächlich unbewusst.

Ich kann nicht verstehen, dass Menschen – Künstler, Sportler, Prominente, die in der Öffentlichkeit stehen – so unvorsichtig mit der Geschichte umgehen. Und ich kann nicht verstehen, dass Musiker nicht dieses Fingerspitzengefühl haben. Sie müssen doch wissen, welche Reichweite ihre Lieder erzielen. Sie müssen doch wissen, dass ihre Zielgruppe womöglich überhaupt nicht reif ist für solche Textstellen. Und ja, ich höre immer wieder von Schulen und Sportvereinen, in denen *„Du Jude!“* längst ein Schimpfwort ist. Hier müssen aber die Lehrer eingreifen und die Mitschüler. Je länger man so etwas duldet, desto schwieriger wird es, dies zu verbieten.

Glaubt mir: Ich habe mitbekommen, als sie zum ersten Mal laut über uns sprachen und mit dem Finger auf uns zeigten: „*Da sind sie, die Juden!*" Ich weiß, wie es anfängt.

Sascha Hellen

Sie sehen es als Ihre Lebensaufgabe an, junge Menschen zu informieren und Ihre Geschichte zu erzählen. Wie schwer fällt es Ihnen, da immer in der Vergangenheit zu leben?

Ich lebe ja nicht immer in der Vergangenheit.

Sascha Hellen

Aber ist es nicht furchtbar, immer und immer wieder diese schrecklichen Ereignisse zu durchleben?

Ja, natürlich. Aber ich muss ... Ich habe mich jetzt daran gewöhnt, obwohl es mir immer noch schwerfällt und ich dann überhaupt nicht schlafen kann. Weil alles wiederkommt. Ich werde das nie los. Das ist hier oben drin. Da kann man nichts mehr machen. Doch ich weiß, wie wichtig es ist, dass die Menschen erfahren, was damals geschah. Was wirklich geschah. Deswegen sage ich immer wieder zu mir: Ich muss das überwinden! Ich muss das unbedingt tun, ich muss die Leute aufklären!

Florian

Haben Sie Albträume?

Ja, die hatte ich. Sehr oft sogar. Ich habe immer geträumt, die Nazis trampeln mit ihren SS[10]-Stiefeln auf mir rum, oder sie kommen in meine Wohnung und zerren mich raus aus der Wohnung ... Solche schrecklichen Albträume habe ich gehabt. Das war zu der Zeit, als ich noch nichts erzählt habe. Aber als ich angefangen habe, meine Geschichte zu erzählen, hat mich das irgendwie innerlich befreit. Es hat eine Zeit gedauert, doch dann haben diese schrecklichen Träume aufgehört. Jetzt habe ich kaum noch welche. Nur ganz selten.

Kay

Haben Sie je daran gedacht, Deutschland zu verlassen?

Zwischenzeitlich habe ich ja im Ausland gelebt, in Israel. Aber in meinem Alter ist es schwierig, noch einmal irgendwo anders hinzugehen. Einen alten Baum verpflanzt man nicht. Außerdem: Warum soll ich weichen? Das ist meine Heimat, und wenn ich Deutschland jetzt

10 „SS" – Abkürzung für „Schutzstaffel", der der Betrieb und die Verwaltung der Konzentrations- und Vernichtungslager unterstand. Die SS wurde 1925 von Hitler als persönliche Leibgarde gegründet und war vor allem für ihre Brutalität bekannt.

verlassen würde, hätten sie mich mundtot gemacht. Das gönne ich denen nicht, ganz im Gegenteil. Es ist doch viel interessanter, wenn sie sich von einer alten Frau immer und immer wieder provozieren lassen müssen. Ich werde nicht schweigen!

Kay

Erzählen Sie uns doch bitte von Ihrem Zuhause. War das ein religiöses Elternhaus?

Es war ein jüdisches Elternhaus und wir haben auch die jüdischen Feiertage gehalten. Meine Eltern waren liberal, eigentlich waren die jüdischen Gemeinden in ganz Deutschland liberal. Warum? – Weil wir schon alle integriert waren in Deutschland. Meine Urgroßeltern zum Beispiel, die sind hier schon geboren, meine Großeltern auch und zu Hause wurde Deutsch gesprochen, keine andere Sprache. Wir waren voll integriert in das sogenannte deutsche Volk.

Sascha Hellen

Hat Religion für Sie persönlich eine Rolle gespielt?

Ich bin natürlich religiös geprägt, schon alleine durch meinen Vater, der Kantor war. Ich bin so erzogen, aber im Laufe der Zeit und mit all dem, was ich durchgemacht habe, in Auschwitz, in Ravensbrück[11], habe ich mich in dieser Beziehung verändert. Ich glaube nicht an Gott, ich kann nicht mehr an Gott glauben. Ich glaube nicht mehr an einen Gott, der alle lenkt. Wie kann ein Gott bereit sein, Tausende Menschen in die Gaskammern[12] zu schicken oder umzubringen? Jemand wie ich, der das gesehen und erlebt hat, der kann nicht mehr an Gott glauben, das geht einfach nicht.

Sascha Hellen

Konnten Sie in Auschwitz Ihren Glauben praktizieren?
Wenn man es wollte, ja.

Florian

Aber dann wahrscheinlich alles im Schnelldurchlauf ...
Ja, alles im Verborgenen und nicht öffentlich, das war nicht machbar. Man wusste ja, dass das alles Juden sind. Die meisten Leute in Auschwitz waren Juden.

---

11 Die Nationalsozialisten errichteten Arbeits- und Vernichtungslager, in denen Juden, Oppositionelle, Homosexuelle, Zeugen Jehovas, Behinderte und Kommunisten teilweise systematisch gefoltert und ermordet wurden. Zu den bekanntesten Lagern zählten Auschwitz (im heutigen Polen gelegen) und Ravensbrück (Brandenburg).

12 Grausigstes Instrument der Nationalsozialisten zur Ermordung von Menschen in den Konzentrationslagern: groß angelegte Räume, in denen Menschen unter Vortäuschung einer körperlichen Reinigung (Dusche) eingesperrt und mit Gas getötet wurden.

Erzählen Sie bitte noch ein bisschen mehr von Ihrem Vater.

Er war der Vorbeter in der Gemeinde in Saarbrücken. Und dann ist er nachher nach Ulm an der Donau gezogen, von dort weiter nach Breslau. Mein Vater ist am 9. November 1938, am Tag des großen Pogroms[13] gegen die Juden, von den Nazis verhaftet worden. Fast alle jüdischen Männer sind da bei uns verhaftet worden. Es war so furchtbar! Einige von ihnen hat man halb tot geschlagen, andere gleich umgebracht. Mein Vater wollte das aber nicht so ohne Weiteres hinnehmen, denn im Grunde war er auch ein deutscher Patriot. Das war nichts Ungewöhnliches zur damaligen Zeit, denn es gab viele jüdische Männer, die für Deutschland im Ersten Weltkrieg gekämpft haben. Für ihr deutsches Vaterland. Viele von ihnen sind sogar mit Auszeichnungen hoch dekoriert worden, weil sie für Deutschland an der Front gekämpft haben. Das hat man natürlich später nicht mehr anerkannt, da wollte man nichts mehr von wissen. Als mein Vater dann verhaftet wurde, hat er den Nazis, der SA oder SS, die ihn da damals abgeholt haben, auch gesagt, dass er ein deutscher Patriot sei. Und er würde sich das nicht gefal-

13 Gewaltsame Ausschreitung gegen nationale, religiöse oder ethnische Minderheiten; der 9. November 1938 steht für den Beginn des Holocaust.

len lassen, was hier gerade passiert, er habe schließlich für Deutschland gekämpft. Die Antwort war: „Halt's Maul, sonst kannst du was erleben!" Dann haben sie ihn ins Gesicht geschlagen.

Sascha Hellen

Sie haben das Konzentrationslager Auschwitz überlebt wie auch das Frauen-KZ Ravensbrück. Was haben Sie dort übers Leben gelernt?

Ja, eben das, was ich immer sage: Man muss zuversichtlich sein, man muss alle Menschen mögen, tolerant sein. Man muss sehen, dass man mit allen Menschen gut auskommen kann. Man darf keinen Hass entwickeln gegen irgendwelche Menschen. Das geht einfach nicht.

Florian

Haben Sie jemals Hass auf die Täter, die Nazis, gehabt?

Ich könnte einen Hass entwickeln gegen die Menschen, die mir das angetan haben. Das ja ... Allerdings – und das wird euch jetzt vielleicht überraschen – hatte ich damals kein Gefühl von Hass in mir. Es war eher der Wunsch zu überleben, der mich angetrieben hat.

Ich hatte damals kein
Gefühl von Hass in mir.
Es war eher der Wunsch
zu überleben, der mich
angetrieben hat.

Esther Bejarano

Florian

Und wie verhält es sich damit heute?

Nein, Hass kenne ich eigentlich nicht. Es darf keinen Hass geben zwischen Völkern, zwischen Menschen. Das klingt jetzt sehr optimistisch und ich bin in dieser Beziehung sehr international. Ich denke sehr international, das hängt vielleicht auch damit zusammen, dass ich im Ausland gelebt habe. Aber ich glaube, dass uns das Miteinander, die Solidarität, weiterbringt als ein Gegeneinander. Es erschreckt mich, dass so viele Menschen auf der Flucht sind und dass wir hier in Europa nicht in der Lage sind, uns darum zu kümmern, diese Menschen aufzunehmen, die Fluchtursachen zu bekämpfen. Stattdessen schotten wir uns wieder ab und in vielen Ländern beginnt eine Form von Nationalismus. Haben wir nichts dazugelernt?

Sascha Hellen

Ist das eine Kritik an der Flüchtlingspolitik?

Ja. Es gibt Parallelen zu damals. Ganz viele Beispiele. Das erste ist, dass Leute damals von Deutschland auswandern wollten, weil sie eben in Deutschland nicht mehr leben konnten, da man sie verfolgt hat. Es gab aber nur ganz wenige Länder in Europa, die diese Menschen aufgenommen haben. Natürlich gab es Menschen in den USA, auf Kuba und auch in anderen Ländern, die Menschen aufnehmen wollten, aber die waren eben weit weg. Und das kostete ganz viel Geld, weshalb es sich die meisten einfach nicht leisten konnten, so wie zum Beispiel meine Familie. Nur für meinen Bruder war das möglich.

Ähnliche Situationen haben wir heute wieder. Wir haben zum Beispiel ganz viele Flüchtlinge, die hier ins Land wollen, und die deutsche Gesellschaft ist nicht einverstanden damit. Die wollen nicht, dass diese Leute reinkommen. Die Botschaft lautet: Lieber mal Abstand halten von irgendwelchen Leuten, die anders sind.

Ich habe dazu eine ganz andere Meinung. Aber es ist so, dass das heute eine Parallele ist zur damaligen Zeit. Und wenn wir uns nicht zusammentun, wenn wir weiter schweigen, dann wird es wieder so kommen, wie es damals war. Das müssen wir verhindern!

Sascha Hellen

Damals haben aber auch viele Millionen Menschen einfach weggeschaut und die Augen vor dem verschlossen, was zwischen 1933 und 1945 passiert ist.

Ja, das stimmt schon. Es gab Täter, und es gab die, die es haben geschehen lassen.

Als ich damals wieder nach Deutschland zurückgekommen bin, war es für mich wahnsinnig schwer, mich mit irgendwelchen deutschen Menschen – Hamburgern zum Beispiel – zu unterhalten. Ich habe mich nämlich immer gefragt, wenn ich jemanden kennengelernt habe: Was hat der denn wohl während des Krieges gemacht? Vielleicht ist er der Mörder meiner Eltern oder meiner Schwester … Das habe ich immer gedacht und das war eine ganz schlimme Situation für mich. Also, es war ganz, ganz schlimm.

Wenn ich damals meinen Mann nicht an meiner Seite gehabt hätte, der immer gesagt hat: „Du, wir schaffen das!" … Ich weiß nicht, wie ich diese Zeit durchgestanden hätte! „Es gibt ja auch andere Leute", hat er gesagt. „Es gibt ja auch Leute, die im Widerstand waren" … und so weiter. Und tatsächlich habe ich dann etwas später Widerstandskämpfer kennengelernt. Und da habe ich mir gesagt: Diesen Menschen kann man vertrauen! Die haben etwas getan gegen die Nazis. Und gegen die ganzen Verbrechen, die begangen worden sind. Bis heute sage ich: Wenn ich diese Menschen nicht kennengelernt hätte, weiß ich nicht, ob ich heute noch in Deutschland leben würde.

Ich kann nicht verstehen,
warum Menschen andere
Menschen hassen.

Esther Bejarano

Schweigen. Man könnte jetzt eine Stecknadel fallen hören. Zum einen herrscht Betroffenheit, zum anderen wird man den Eindruck nicht los, dass sich in dieses Schweigen bei Esther Bejarano auch Wut mischt ...

Die Täter. Was ist in ihnen vorgegangen? Und waren nicht auch all diejenigen Täter, die über Jahre weggeschaut haben? Die vielen Mitläufer, die den Nazis zugejubelt und Adolf Hitler den Weg geebnet haben. Die vielen „Täter", die sich zwar die Hände nicht schmutzig gemacht haben, aber durch ihr Wegsehen die Taten erst ermöglicht haben.

Der Blick der Jugendlichen wandert durch das Wohnzimmer. An den Wänden hängen viele Bilder, darunter sind auch viele Erinnerungsstücke an die Jahre in Israel. Auch ein Foto mit Konstantin Wecker ist dabei. Den Jugendlichen von heute muss man erklären, wer der Liedermacher ist. In einer Zeit, in der Rap und Hip-Hop die Charts dominieren, gehören altlinke Musiker und Friedensaktivisten nicht gerade zu den angesagten Künstlern dieser Altersgruppe.

Esther Bejarano nimmt einen großen Schluck Wasser, ihre Hand zittert leicht. Dann kehrt sie zurück, ihre kräftige Stimme, die geradezu eine Aufforderung ist, weitere Fragen zu stellen. Man spürt: Diese Frau hat einen Auftrag, eine Mission. Sie will uns dreien eine Botschaft mit auf den Weg geben.

Haben Sie dieses Misstrauen irgendwann mal abgelegt?

Ja. Dadurch, dass ich eben diese Menschen kennengelernt habe. Ich habe ganz, ganz viele Freunde, die mir glauben und die auch zum Beispiel sehr froh sind, dass ich diese Arbeit mache. Dass ich in Schulen gehe, dass ich eine Gruppe habe, eine antifaschistische, mit der ich überallhin fahre.[14] Nicht nur innerhalb von Deutschland, sondern auch ins Ausland. Und das ist für mich eine große Sache. Ich bin froh, dass ich hier noch etwas bewegen kann. Dass ich etwas tun kann, damit eben das, was damals geschah, nicht noch mal geschieht.

Heute sind wir in einer ganz schlimmen politischen Lage. Weil ich glaube, dass unsere Regierung nicht genügend dagegen tut, dass zum Beispiel Nazis auf der Straße marschieren, dass diese den Hitlergruß ausposaunen können, dass es so und so viele Nazibücher gibt und dass in Schulen irgendwelche CDs von Nazis verteilt werden mit ganz unmöglichen Texten, die es einfach nicht geben darf! Es wird einfach nicht genug dagegen getan.

Ich sage immer: Warum guckt die Regierung sich nicht an, was in unserem Grundgesetz steht? Denn dort

---

14 „Microphone Mafia", eine deutsch-türkisch-italienische Rap-Gruppe mit der Esther Bejarano seit 2007 bis zu ihrem Tod musikalisch zusammenarbeitete. In dieser Zeit gab sie fast 900 Konzerte zusammen mit den Musikern. Auslöser für die Zusammenarbeit waren rechte Parteien, die Gratis-CDs mit rechtslastiger Musik auf deutschen Schulhöfen verteilten.

steht, dass alle Nachfolgeorganisationen oder Parteien der NSDAP verboten sind. Dass alle Nazischriften verboten sind. Dass alle Embleme verboten sind. Da frage ich Sie: Was ist denn verboten? Nichts ist verboten, alles kann wieder gemacht werden. Die Nazis mischen sich überall ein, sind im Bundestag, … Und wenn man sich das anhört, was die so erzählen … diese schreckliche, wie ich schon gesagt habe, unmenschliche Ideologie, die sie haben…

Kay

Haben Sie mal versucht, die Täter zu verstehen?
Nein. Ich kann das nicht verstehen. Ich kann nicht verstehen, warum Menschen andere Menschen hassen. Das ist mir völlig fremd.

Sascha Hellen

Angesichts all dessen, was Sie erlebt haben, wirken Sie doch sehr diszipliniert. Ist das eine Frage der Erziehung, der Disziplin? Sie sind allerdings in einem sehr liberalen Elternhaus groß geworden …
Ja, wir hatten ein liberales Elternhaus. Wir waren auch diszipliniert, das kann man schon sagen. Aber eigentlich braucht jeder Mensch vor allem ein Herz. Damit meine ich:

Man muss wissen, was man will. Und man muss andere Menschen achten und darf niemals irgendwelche Vorurteile haben. Man darf also zum Beispiel nicht sagen: Den will ich nicht haben, weil er aus Afghanistan oder Afrika kommt. Oder irgendwelche Leute ablehnen, nur weil sie anders aussehen. Es gibt immer wieder Leute, die wollen einfach nicht diese ausländischen Menschen haben. Dabei sind sie doch genauso Menschen wie wir! Was ist denn bei uns besser?

Sascha Hellen

Sehen Sie sich selbst als die Stimme für all diejenigen, die sich nicht mehr zu Wort melden können?
Ich spreche nicht nur für mich, sondern auch für viele andere. Und ich habe auch damals in Auschwitz schon immer zu meinen Freundinnen gesagt: „Wir müssen überleben! Wir müssen es schaffen, aus dieser Misere, aus dieser Hölle wieder herauszukommen." Und jetzt sind wir alt … Bald wird es keine Zeitzeugen mehr geben. Daher müssen wir unsere Geschichten weitergeben, aufschreiben und noch versuchen, möglichst viele von euch zu erreichen. *Ihr* müsst dann unsere Geschichte weitertragen, *ihr* müsst uns eine Stimme geben.

Meine Freundinnen waren mir sehr wichtig. Sie waren ein großes Plus für mich. Wäre ich alleine nach

Auschwitz gekommen, würde es mich vielleicht schon längst nicht mehr geben. Wir haben uns gegenseitig geholfen. Zwischen uns gab es eine Solidarität, die uns am Leben gehalten hat. Wir haben immer wieder versucht, uns gegenseitig Kraft zu geben, und uns immer wieder Mut zugesprochen. Aber viele, auch von meinen Freundinnen, konnten die schreckliche Behandlung und all das, was wir in Auschwitz gesehen haben, nicht mehr aushalten. Sie haben dann ihrem Leben ein Ende gesetzt und sich am Stacheldrahtzaun, der elektrisch geladen war, umgebracht. Sie ertrugen es einfach nicht mehr.

Sascha Hellen

Haben Sie auch jemals mit diesem Gedanken gespielt?
Niemals! Niemals! Ich habe immer gesagt: Ich *muss* überleben!

Florian

Was hat Ihnen in Auschwitz, in der Hölle, die Kraft gegeben zu überleben?
Ich weiß es nicht. Ich habe einfach den Drang gehabt, ich *will* überleben. Und das hat mir wahrscheinlich sehr geholfen.

Am Anfang habe ich in einer Kolonne gearbeitet. Von einem Feld zum anderen musste ich ganz schwere Steine schleppen. Körperlich war ich eigentlich schon fast am Ende, und ich bin mir sicher, wenn ich diese Arbeit hätte weitermachen müssen, dann wäre ich zugrunde gegangen.

Man hatte keine Wahl ... Wenn man es nicht geschafft hat, diese Steine zu schleppen, die wirklich sehr, sehr schwer waren, dann war gleich die SS da, und die haben uns dann geschlagen und ... Also, mir ist es Gott sei Dank nie passiert, ich habe es immer irgendwie geschafft, die schweren Steine zu schleppen, aber es gab viele Frauen, die das einfach nicht konnten und die dann hingefallen sind. Dann hat man sie geschlagen ... und das war ganz furchtbar.

Die Devise dieser Nazis lautete: Vernichtung durch Arbeit. Ihr wisst ja auch alle, dass es diese Gaskammern gab ... Und so gab es zwei Möglichkeiten: Entweder man ist gleich in die Gaskammer gekommen, oder man ist eingeteilt worden für irgendwelche Arbeit, die so schwer war, dass man eben so langsam gestorben ist.

Ich habe dann sehr, sehr großes Glück gehabt – durch meine Musikalität. Eines Tages bekam ich nämlich mit, dass in diesem Vernichtungslager ein Orchester aufgebaut wird. Und in diesem Orchester musste es ja auch irgendwelche Frauen geben, die ein Instrument spielen. Dann gab es da eine Frau, eine Polin, die hieß Tschaikowska[15]. Sie war vorher eine Musiklehrerin gewesen und hatte nun von der SS den Befehl bekommen, nach Frauen zu suchen, die ein Instrument spielen können. Das habe ich gehört und da habe ich gesagt: Ich melde mich dafür!

Also habe ich mich bei dieser Tschaikowska gemeldet, die mich dann gefragt hat: „Was kannst du denn spielen? Was für ein Instrument spielst du?"

Nun, zu Hause hatte ich das Klavierspielen gelernt und hab ihr dann geantwortet: „Ich kann Klavier spielen." Da sagte sie zu mir: „Ein Klavier gibt es hier nicht, aber wir haben ein Akkordeon[16]. Wenn du Akkordeon spielen kannst, werde ich dich prüfen, und dann kannst du im Orchester mitmachen." Es hatten sich dafür schon verschiedene Frauen gemeldet, ungefähr 40.

Am Anfang bekam ich einen ganz schönen Schrecken, weil ich noch nie in meinem Leben ein Akkordeon in der Hand gehalten hatte. Ich wusste gar nicht, wie man so etwas überhaupt betätigt. Aber mir war klar: Wenn ich nicht in das Orchester komme, muss ich wie-

---

15 Zofia Czajkowska (1905–1978) war eine polnische Musikerin und stellte das sogenannte „Mädchenorchester von Auschwitz" zusammen.

16 Das Akkordeon, auch Ziehharmonika, Handharmonika oder Schifferklavier genannt, ist ein Handzuginstrument, bei dem der Ton bei Zug oder Druck auf einen Balg durch freischwingende, durchschlagende Zungen erzeugt wird und das nicht nur Einzeltöne hervorbringt, sondern auch Akkorde.

der zurück zu dieser Kolonne und wieder Steine schleppen. Das wollte ich nicht. Darum habe ich gelogen und gesagt: „Ich kann Akkordeon spielen." Die Tschaikowska hat dann zu mir gesagt: „Spiel mir den deutschen Schlager ‚*Du hast Glück bei den Frauen, Bel Ami*'. Wenn du den spielen kannst, kannst du im Orchester mitmachen."

Ich antwortete ihr: „Ich habe schon so lange nicht mehr Akkordeon gespielt", was ja überhaupt nicht stimmte, aber ich habe weiter gelogen und gesagt: „Ich muss mich nur wieder reinfinden in diese ganze Sache." Da sagte sie zu mir: „Geh mal da in eine Ecke der Baracke und dann probierst du das aus. Und wenn du das kannst, kommst du wieder zurück, und ich werde dich prüfen."

Das habe ich gemacht. Ich habe einfach versucht, Akkordeon zu spielen. Auf der rechten Seite war das natürlich ganz einfach, denn das waren ja Klaviertasten. Die Melodie konnte ich also wunderbar spielen. Aber auf der linken Seite sind ja die Knöpfe. Knöpfe! Da wusste ich überhaupt nicht weiter: Was soll ich denn mit denen anfangen? Ich habe mir dann einfach gedacht: Das sind wohl die Bässe, die braucht man, um eine Begleitung für diese Melodie zu finden. Und so habe ich alles Mögliche ausprobiert und es schließlich geschafft. Dann bin ich wieder zu ihr gegangen, zu dieser Tschaikowska, und habe ihr das Lied vorgespielt, und sie war damit einverstanden. So bin ich in das Orchester reingekommen. Das war damals sozusagen meine Rettung. Hätte ich das nicht geschafft, würde ich heute hier nicht sitzen.

Sascha Hellen

Die Musik hat Ihnen also das Leben gerettet.

Nicht nur die Musik, aber das Leben natürlich schon insofern, dass ich nicht mehr diese schwere Arbeit machen musste, sondern stattdessen aufgenommen wurde in das Orchester. Mein Glück war, dass ich ein sehr musikalisches Ohr hatte und einfach gesucht habe nach irgendwelchen Akkorden, die zu dieser Musik passen. Und das ist mir tatsächlich gelungen.

Sascha Hellen

Bei Ihren Auftritten in Schulen und anderswo, wenn Sie über Ihre Lebensgeschichte sprechen, singen Sie dieses Lied. Können Sie den Schlager denn heute noch hören?

Ja, ja! Der wurde sogar neu aufgenommen in unser Repertoire. Weil die Jungs, die mit mir zusammen Musik machen, gesagt haben: „Esther, diesen Schlager müssen wir aufnehmen, weil er dir das Leben gerettet hat!"

Florian

Warum gab es eigentlich in Auschwitz ein Orchester? Die Nazis wollten in Auschwitz doch Menschen systematisch umbringen. Warum wollten die dann noch fröhliche Musik hören? Warum diesen Schein wahren?

Die brauchten ein Orchester! Für ihre ganzen Ideen, die sie hatten, brauchten sie ein Orchester. Zum Beispiel: Wir mussten am Tor stehen und Musik machen, also Marschmusik, wenn morgens die ganzen Arbeitskolonnen zu ihrer Arbeit aufbrachen und auch abends, wenn sie wieder zurückkamen. Das war die erste Aufgabe, die wir hatten. Das kam uns schon furchtbar vor. Wir haben uns gefragt: Wie, um Gottes willen, kann man das machen? Wir stehen da und spielen Musik, während andere schwere Arbeit leisten müssen, abends zurückkommen und schon halb tot davon sind.

Florian

Wie groß war das Orchester? Wie viele Mitglieder hatte es?

Ungefähr so 40 bis 45 Frauen.

Florian

Wie viele haben davon überlebt?

Fast alle, aber inzwischen sind die meisten schon tot. Sie waren ja alle ungefähr in meinem Alter. Ich erinnere mich noch an eine Frau, die hieß Hilde, sie hat Geige gespielt. Die hat auch überlebt, und ich glaube, sie lebt heute noch in Israel in einem Kibbuz. Sie ist etwa so alt wie ich.

Florian

Und Frau Tschaikowska hat auch überlebt?

Ja, Frau Tschaikowska hat auch überlebt, aber sie ist mittlerweile auch gestorben.

Kay

Welches Repertoire hatten Sie noch drauf?

Dort in Auschwitz? Wir haben meistens nur Marschmusik gespielt oder den Schlittschuhläufer – irgendwelche leichte Muse. Schwereres und Sonaten oder Konzerte von Beethoven, Mozart oder anderen Komponisten, das haben wir einfach nicht draufgehabt, das konnten wir nicht. Aber so einfache Musik, die konnten wir spielen.

Die Tschaikowska hatte es ja auch überhaupt nicht im Sinn, ein gutes Orchester zu machen mit guter Musik für diese Nazis. Sie hat immer gesagt: „Wir machen das, was nötig ist für die. Aber nicht irgendwie gute Musik oder so etwas. Das kommt für uns überhaupt nicht infrage!"

In der Beziehung war sie wirklich klasse! Sie ist ja nachher abgelöst worden von Alma Rosé. Und Alma Rosé, die kam natürlich aus der Klassik und konnte sehr gut Geige spielen. Sie hat dann versucht, aus diesem Orchester ein wirklich gutes zu machen und hat, wie ich gehört habe, viele Frauen, die im Orchester waren, dabei sehr schikaniert. Ich habe sie ja Gott sei Dank nicht mehr erlebt, weil ich ja aus Auschwitz rausgekommen bin.

Sascha Hellen

Wann sind Sie ins Konzentrationslager Auschwitz gekommen?

Am 20. April 1943.

Sascha Hellen

Das war ja dann am Geburtstag von Adolf Hitler, dem 20. April. Wurde der in Auschwitz besonders begangen?

Wahrscheinlich war das sein Geburtstagsgeschenk, dass wieder Tausende von Juden im Viehwaggon nach Auschwitz gebracht worden sind. Ja, das war 1943. Also, wir sind im April nach Auschwitz gekommen, dann war ich ungefähr ein halbes Jahr in diesem Orchester und bin im November nach Ravensbrück gebracht worden – aus dem einfachen Grunde, weil ich ein sogenannter „Mischling“ war. Ich hatte eine christliche Großmutter väterlicherseits; und die Nazis hatten so eine Verordnung, in der es hieß, dass alle diejenigen, die arisches[17] Blut in ihren Adern haben, nicht in einem Vernichtungslager sein dürfen. Das bedeutete, die mussten in irgendein anderes Konzentrationslager, das kein Vernichtungslager war. Und das war mein Glück. Ich habe mich damals gemeldet, weil ich eine christliche Großmutter hatte, habe allerdings nicht wirklich daran geglaubt, dass mir das etwas bringen würde. Ich habe bloß gedacht: Also, 'ne christliche Großmutter, das hilft nix. Dann bin ich ja nur zu einem Viertel arisch. Aber nach eben solchen „Mischlingen“ haben die Nazis gesucht, und sie haben mich akzeptiert. Das hat ungefähr sechs Wochen gedauert, bis sie rausgefunden hatten, ob es tatsächlich stimmt, was ich da angegeben hatte. Die haben das recherchiert.

---

17 Das Wort „Arier“ hat eine lange Geschichte. Ursprünglich beschreibt es Volksgruppen, die eine Vielzahl von verwandten Sprachen sprachen. Im späten 19. und frühen 20. Jahrhundert definierten einige Gelehrte die Arier als die Rasse, die „anderen überlegen“ sei. In Deutschland förderten die Nationalsozialisten diese Annahme und verherrlichten das deutsche Volk als Angehörige der arischen Rasse. Gleichzeitig verunglimpften sie Roma, Sinti, Juden und andere als Nicht-Arier.

Mich würde interessieren, wie die Nazis mit Ihnen umgegangen sind. Wie haben Sie das erlebt?

Nicht besonders gut, muss ich sagen. Also, na ja … ich muss es von Anfang an erzählen. Es war ja so: Erst einmal war ich in einem Vorbereitungslager zwecks Auswanderung nach Palästina. Das war in der Nähe von Berlin. Das erste Vorbereitungslager hieß Gut Winkel und das andere Ahrensdorf. Ich bin dann mit noch vielen anderen jüdischen Jugendlichen, die auch nach Palästina ausreisen wollten, nach Ahrensdorf gekommen. Wir haben da gearbeitet und zum Beispiel auch hebräische Lieder gesungen. In gewisser Weise war es so eine Art Vorbereitung auf den Zionismus[18]. Die hatten alle einen zionistischen Einschlag.

Wir waren eigentlich alle begeistert davon und wollten nach Palästina – nur hat dieser Zionismus sich im Laufe der Jahre ja völlig verändert. Als ich zu den Zionisten gehörte, da hatten wir den Wunsch, nach Palästina auszuwandern und in einem Kibbuz zu leben. Gemeinsam mit den palästinensischen Menschen, die dort leben, wollten wir das Land aufbauen.

---

18 Zionismus ist eine nationale Bewegung, die Rückkehr der Juden in ihre historische Heimat Israel. Einer der bekanntesten Anführer der zionistischen Bewegung war der Schriftstellert und Publizist Theodor Herzl (1860–1904). Er wurde zum Vordenker der zionistischen Bewegung und bereitete so die Gründung des Staates Israel gedanklich vor. Zu seinen bekanntesten Zitaten gehört: „*Wenn ihr es wollt, ist es kein Märchen.*“

Wir hatten also absolut nichts gegen die Palästinenser. Im Gegenteil! Das wollte ich nur mal sagen. Denn als wir später nach Palästina kamen, da haben wir uns sehr gut mit ihnen verstanden, und die Palästinenser haben uns sogar geholfen und uns gesagt, wie man das Land bestellt. Denn als wir aus Deutschland kamen, wussten wir ja gar nicht: Was wird dort angepflanzt? Was muss man da machen? Das alles haben uns die Palästinenser beigebracht.

Aber zurück zur Frage, wie die Nazis uns behandelt haben: Wir waren also in diesem Vorbereitungslager. Doch irgendwann wurden diese ganzen Vorbereitungslager von den Nazis geschlossen und alle jüdischen Jugendlichen sind in ein Zwangsarbeitslager nach Neuendorf bei Fürstenwalde/Spree gekommen. Dort haben wir auch ein Konzert gegeben. Das Lager war bewacht von der SS, es war also, wenn man es so will, unsere eigentliche Verhaftung.

Wir waren von da an keine freien Menschen mehr, wir waren Gefangene. Wir haben Zwangsarbeit verrichtet. Allerdings nicht nur im Lager, ganz viele Menschen, die dort waren, sind auch außerhalb eingesetzt worden. Ich zum Beispiel war dafür eingeteilt, in Fürstenwalde/Spree im dortigen größten Blumengeschäft zu arbeiten. Jeden Morgen wurde ich mit SS-Begleitung zur Arbeit gefahren und abends auch wieder so zurückgebracht. Es war uns nicht erlaubt, aus privaten Gründen irgendwo anders hin zu fahren oder zu gehen. Das war strikt verboten. Wenn man irgendwo hinfahren wollte oder musste, dann brauchte man eine Genehmigung von den Nazis. Erst, wenn man die hatte, konnte man fahren.

Ich habe zum Beispiel einmal die Erlaubnis bekommen, nach Berlin zu reisen, weil ich dort zu einem Hautarzt gehen musste. Nach der Reise musste ich aber wieder sofort zurück ins Arbeitslager.

Ein anderes Mal habe ich die Genehmigung bekommen, zu der Beerdigung meiner christlichen Großmutter zu fahren. Mein Vater hatte eine christliche Mutter. Damals hat man allerdings nicht gesagt „eine christliche", sondern „eine arische" Großmutter.

Also, das Leben in diesem Zwangsarbeitslager war wirklich schlimm. Auch weil die Nazis uns immer wieder gedroht haben: Wenn ihr die Arbeit nicht richtig macht oder wenn ihr euch irgendwie sträubt, irgendetwas zu machen, dann schicken wir euch nach Auschwitz!

Wir wussten damals schon, was Auschwitz bedeutete. Wir wussten, dass Auschwitz ein Konzentrationslager war – doch wir wussten damals nicht, dass es ein Vernichtungslager war.

Also, das war alles eine Katastrophe.

In Auschwitz gab es einen Hauptscharführer der SS. Er war bekannt für seine Brutalität und hat unter anderem Kinder bei lebendigem Leibe verbrennen lassen. Auf der anderen Seite hat dieser SS-Mann, Otto Moll[19], Ihnen sehr geholfen, als Sie im Lager sehr krank wurden. Wie können Sie sich das erklären?

Das kann ich mir sehr gut erklären. Der hat das nicht gemacht, weil er mich gut fand oder nett oder was weiß ich, sondern weil ich die einzige Akkordeonistin war in diesem Orchester. Und weil er eben Musik liebte und immer gekommen ist und zugehört hat, wenn wir geübt haben. Er hat sich das immer angehört. Und dann hat man ihm mitgeteilt: Die Akkordeonistin ist krank, die hat Typhus, und sie ist im jüdischen Krankenrevier. Er ist dann in das jüdische Krankenrevier gekommen und wollte unbedingt, dass ich wieder gesund werde, damit ich wieder Akkordeon spielen kann. Denn es gab damals keinen anderen, der das Akkordeon spielen konnte, das hätte dann einfach gefehlt. Und da hat er eben alles dafür getan, damit ich wieder gesund werde. Aber das hat er wie gesagt nicht gemacht, weil er mich persönlich gut fand oder irgendwie gern hatte. Das war nicht der Fall.

---

19 Otto Moll war SS-Hauptscharführer im Konzentrationslager Auschwitz-Birkenau, dem als Chef der Gaskammern und Krematorien die Massenvernichtung in diesen Lagern oblag. Er wurde Anfang Mai 1945 verhaftet und ein Jahr später hingerichtet.

Er wollte nur, dass die Akkordeonspielerin wieder zurückkehrt ins Orchester.

Sascha Hellen

Ist Ihnen seine Brutalität damals auch schon zu Ohren gekommen?

Natürlich. Ich wusste, wer Moll ist. Ich habe das ja selbst gesehen, wie er mit seinen Bluthunden … das waren so Schäferhunde, die abgerichtet waren auf Menschen … immer auf der Lagerstraße spazieren gegangen ist. Wenn er dann irgendeine Frau gesehen hat, die da stand und ihm nicht gefallen hat oder was weiß ich, dann hat er diese Hunde auf sie gehetzt. Die Hunde haben sie dann zerfleischt, und die Frau war anschließend natürlich tot. Das habe ich ein paarmal gesehen. Aber erst nachdem ich wieder aus dem Krankenhaus, aus der Krankenbaracke, zurückgekommen bin.

Otto Moll war eine Bestie. Er war auch verantwortlich für die Gaskammern und Krematorien[20]; das war sein Bereich. Ja, er war eine Bestie, aber mir hat er eben geholfen – weil ich die Akkordeonistin war.

20 Ein Krematorium ist eine Feuerhalle zur Verbrennung von Leichen.

Sascha Hellen

Also bloß purer Egoismus.

Ja.

Kay

Wie muss man sich den „Alltag" in Auschwitz vorstellen?

Alltag in Auschwitz ... also, so ein Tagesablauf war ganz einfach. Man ist morgens früh aufgestanden, hat irgendeinen Tee bekommen – das heißt, es sollte ein Tee sein. Also, Tee war das ganz bestimmt nicht, es war irgendein Gesöff, das wirklich ganz schlecht geschmeckt hat, aber es war wenigstens warm ...

Wir sind ja im April nach Auschwitz gekommen, und es war damals noch sehr, sehr kalt. Überhaupt: Da unten in Polen war es viel kälter als in Deutschland. Und wir haben dann natürlich diesen Tee getrunken, weil er eben warm war und wir uns so ein bisschen aufwärmen konnten.

Abends hat man uns unser Essen ausgeteilt ... dabei war immer ein Stück Brot. Dieses musste man sich so einteilen, dass man den ganzen nächsten Tag etwas davon hatte. Und so haben wir morgens zu diesem schrecklichen Tee eben ein Stück Brot gegessen.

Nach dem Frühstück ging es zur Außenarbeit. Man musste irgendwie sehen, dass man den Tag überlebte, diese harte Arbeit verrichten und den Befehlen der Nazis nachkommen konnte. Abends ging es wieder zurück ins Lager – zum Abendessen und Schlafen. Mehr gab es da nicht. Erst als ich ins Orchester kam, änderte sich für mich etwas, aber das habe ich euch ja schon erzählt. Da haben wir den ganzen Tag geübt, geprobt, Musik gemacht.

Abendessen ... man konnte das eigentlich nicht Essen nennen. Es gab nur dieses Stück Brot, ein kleines Stückchen Margarine und etwas, das ausgesehen hat wie Wurst, aber das war meistens nur Mehl ... irgendwas mit Mehl, ich weiß auch nicht. Also, nach Wurst hat es jedenfalls nicht geschmeckt. Und entweder am Mittag oder am Abend, je nachdem, wie die Arbeitszeit von den Gefangenen war, hat man eine Suppe bekommen. Und die bestand aus Wasser mit Kartoffelschalen. Also Kartoffeln gab's überhaupt nicht, nur die Schalen. Manchmal waren es auch Brennnesseln, aus denen sie die Suppe gemacht haben, oder aus irgendwelchen anderen komischen Blättern. Was weiß ich, was sie da drin hatten, was man überhaupt gar nicht kannte. Das war unsere Nahrung. Und dann, nach dem sogenannten Abendessen, musste man sich hinlegen zum Schlafen.

Wir waren ja eingeteilt in verschiedene Kolonnen. Und die Kolonnen hatten dann bestimmte Schlafplätze. Ich habe zuerst in einem Steinhaus übernachtet, mit noch vielen anderen. In diesem Steinhaus gab es aber keine Betten, nur Kojen. Und in diesen haben immer so acht bis zehn Frauen geschlafen … Je nachdem, wie viele neue Leute gekommen sind … Wir haben weder Decken gehabt noch eine Matratze oder irgendwas. Auf dem Boden – ich glaube, es war ein Holzboden – haben wir gelegen. Und es war immer ganz kalt. Wir haben alle sehr gefroren. Es war eine Katastrophe, furchtbar! Natürlich konnte man da nicht richtig schlafen, aber man musste es versuchen. Denn man musste ja auch ganz früh wieder aufstehen. Ich glaub um fünf Uhr früh oder so. So sah ein Tag aus. Und jeden Tag dasselbe.

Florian

Sie haben vorhin gesagt, dass Sie nicht wussten, dass Auschwitz ein Vernichtungslager ist, als Sie dort ankamen.

Nein, wusste ich nicht.

Florian

Wann haben Sie dann zum ersten Mal realisiert, dass es dort Kammern gibt, in denen Menschen mit Hilfe von Gas getötet werden?

Nun, nicht sofort natürlich. Schon alleine unsere Ankunft war eine Katastrophe. Wir wurden in Viehwaggons zur „jüdischen Rampe“[21] gebracht. In den Waggons gab es keine Stühle oder Bänke, wo man sich hinsetzen konnte, sondern da war nur der Boden, wo man sich hingesetzt hat. Es gab auch kein Klo dort drin … in einer Ecke stand ein Kübel, und wer aufs Klo musste, der musste dort hingehen, vor allen Leuten. Das war schon so was von schlimm! Auch die Luft war furchtbar, man konnte nichts aufmachen, nur ganz oben gab es ein kleines Fenster. Man wusste auch nicht, wo man überhaupt gerade war. Schon alleine die Fahrt war unmenschlich!

Als wir dann angekommen sind, standen da drei Männer in Zivil, also ohne Uniform. Man hatte uns ja vorher schon gesagt, wir kommen in ein Arbeitslager. Und da haben wir gedacht: Ach, das sind wohl unsere Vorarbeiter. Die haben uns eigentlich ganz nett empfangen. Sie haben gesagt: „So, jetzt steigt mal aus dem Viehwaggon aus! Ihr kommt jetzt in ein Arbeitslager, das ist ziemlich weit weg. Und wer jetzt Schwierigkeiten hat, zu laufen … Mütter mit kleinen Kindern, Frauen über 45 Jahre, Männer, die nicht gehen können, Kinder … die sollen alle auf ein Lastauto gehen, damit wir sie dorthin fahren können.“ Da standen zwei oder drei Lastautos … Und da sind diese Leute

21 Bezeichnung für die Aussonderung von Häftlingen. Aufgeteilt wurde zwischen arbeitsfähigen Häftlingen und solchen, die aufgrund ihres Alters, von Krankheit, Behinderung etc. direkt ermordet wurden.

dann hingegangen. Wir haben uns gedacht: Also, so schlimm kann das ja hier in diesem Arbeitslager nicht sein, wenn die sich sogar darum kümmern, dass Leute, die nicht gut laufen können, mit dem Auto dorthin gefahren werden. Ist ja klasse, ist ja wunderbar, haben wir uns gedacht. Es sind dann also – leider – viele Leute auf diese Autos gestiegen. Selbst junge Leute, die mit ihren Eltern mitgehen und sie nicht alleine lassen wollten. Aber die wurden wieder runtergeholt von diesen drei Männern mit den Worten: „Ihr könnt doch laufen!" – Wir haben uns dabei nichts gedacht … Die anderen, die nicht auf die Autos kamen, mussten dann zu Fuß ins Lager gehen.

Die Männer sind alle in ein anderes Lager gekommen, wir waren dann nur noch Frauen. Wir sind losgelaufen und kamen in das Lager Birkenau[22]. Wir mussten durch ein Tor gehen, dort standen die ganzen SS-Leute, SS-Frauen, SS-Männer … die überfielen uns praktisch mit Schimpfworten. *„Ihr Saujuden! Jetzt zeigen wir euch mal, was Arbeiten heißt!", „Lauft schnell!"* Dann haben sie uns in einen sehr, sehr großen Raum getrieben. Man nannte diesen Raum „die Sauna". Und da hat sich dann nachher alles abgespielt.

22 Der Originaltitel lautet: Konzentrationslager Auschwitz-Birkenau. Einige Kilometer vom Stammlager Auschwitz 1 wurde auf dem Gelände der Gemeinde Birkenau ein zweites Lager (Auschwitz 2) errichtet.

Die Leute, die mit ihren Familien gekommen waren, haben jetzt natürlich nach ihren Verwandten gesucht. Man hörte Worte wie: „Meine Eltern, wo sind sie?", „Wo ist meine Tante?", „Wo ist mein Onkel?", „Wo sind denn diese ganzen Menschen? – Wir wollen die doch wiederhaben!" Aber sie haben niemanden gefunden. Die Gefangenen, die schon länger in Birkenau waren, die haben uns dann später gesagt: Diese Menschen werden wir nie wieder sehen, weil die alle in die Gaskammer gegangen sind. Das heißt, alle, die neben uns auf das Auto gestiegen sind, sind in die Gaskammer gegangen.

Das war eine unheimlich große … eine Katastrophe. Die Menschen haben gesucht nach ihren Freunden, nach ihren Verwandten. Und sie haben niemanden gefunden. Das war das erste Mal, wie wir davon erfuhren, was hier überhaupt passierte. Und uns wurde klar: Da gibt es Gaskammern.

Im Laufe der Zeit haben wir natürlich mitbekommen, wie sich das alles genau abspielte. Nachts haben wir zum Beispiel gehört, dass neue Züge angekommen sind und dass die ganzen Leute eben gar nicht in das Lager reingekommen sind, sondern dann alle direkt in die Gaskammern geschickt wurden.

Wir, die wir im Orchester gearbeitet haben, wir mussten – abgesehen davon, dass wir schon spielen mussten, wenn die ganzen Arbeitskolonnen raus- und reingegangen sind oder marschieren mussten – nun auch am Tor stehen und spielen, wenn neue Transporte, neue Züge ankamen. Das hatte sich die SS einfallen lassen. Und die Menschen, die in diesen Zügen waren, aus ganz Europa, die sind alle in die Gaskammer gegangen. Und wir haben da am Tor gestanden und mussten spielen, damit die, die neu ankamen, eben in Ruhe in die Gaskammern gingen. Damit sie nicht auf die Barrikaden gingen, sich nicht wehrten. Weil sie ja gar nicht wissen sollten und konnten, was mit ihnen geschieht.

Dass wir da gestanden und Musik gemacht haben, hat die meisten immer noch besänftigt. So schlimm kann es ja gar nicht sein, haben die sich gedacht, wenn die sogar Musik machen! Die Leute in den Zügen haben uns sogar zugewinkt. Die kamen ja nicht, so wie wir, in Viehwaggons, sondern in ganz normalen Personenwagen. Die Fenster waren geöffnet und die haben sich gefreut, als sie die Musik hörten. Und wir standen da und haben mit Tränen in den Augen gespielt, weil wir das einfach nicht verkraften konnten, dass wir da musizieren mussten, während viele Menschen in die Gaskammer gingen. Das war für uns ganz furchtbar! Alles war so aussichtslos. Man konnte den Menschen nicht helfen, und wir konnten nicht aufhören zu spielen, weil hinter uns die SS stand mit ihren Gewehren. Hätten wir nicht gespielt, hätten sie uns abgeknallt.

Ich sage immer: Es gibt viele schreckliche Dinge, die wir in Auschwitz gesehen haben, aber es war für mich das Allerschlimmste, dass wir dort stehen und spielen mussten, während Züge eintrafen voller Menschen, die in die Gaskammer gingen. Das hat einfach alles übertroffen, es war echt die Hölle!

Sascha Hellen

Frau Bejarano, ich zweifle überhaupt nicht an Ihren Aussagen. Aber die Cellistin Anita Lasker-Wallfisch zum Beispiel, die damals ebenfalls im Orchester war, sagt ja, dass das nicht stattgefunden hat, dass sie gespielt haben, während Menschen in die Gaskammern gingen. Wie erklären Sie sich diese widersprüchlichen Angaben?

Ehrlich gesagt ist mir schleierhaft, wie es da so etwas wie widersprüchliche Angaben geben kann. Das ist ja keine Ansichtssache, es war einfach so, wie es war. Wenn man das hört, klingt es zugegebenermaßen nicht nur grausam und makaber, sondern regelrecht surreal, dass Menschen auf solche Gedanken kommen können. Leute mit Musik bei Laune zu halten, sie zu täuschen und sie dadurch ruhig zu stellen, während sie in den sicheren Tod gehen. Aber ich habe es selbst miterlebt, daran gibt es nichts zu rütteln. Leider.

Wann haben Sie Ihre Eltern zuletzt gesehen?

Meine Eltern habe ich zum letzten Mal 1941 gesehen. Sie haben mich ja von Berlin aus in dieses Vorbereitungslager zwecks Auswanderung nach Palästina gebracht. Wir sind dann für drei Monate oder so nach Berlin gezogen. Und anschließend sind meine Eltern von Berlin aus nach Breslau aufgebrochen.

In Ulm war mein Vater ja Kantor der jüdischen Gemeinde gewesen und außerdem Direktor der jüdischen Schule. Als dann in der Nazizeit so viele Leute aus Ulm weggezogen sind und die Gemeinde nur noch ganz klein war, konnte mein Vater nicht mehr als Kantor dort arbeiten, denn die Gemeinde hatte kein Geld mehr dafür. Er musste sich also um eine andere Arbeit kümmern und ging nach Breslau. Dort war die jüdische Gemeinde noch viel größer. Mein Vater war dann erst mal Kantor der jüdischen Gemeinde und außerdem Direktor eines jüdischen Waisenhauses.

Hatten Sie denn irgendetwas, ein Gebet, ein Lied oder ein Gedicht, das Ihnen so ein bisschen durch die Zeit geholfen hat?

Also, es war so, dass der Zusammenhalt der Menschen, die in diesem Zwangsarbeitslager gefangen waren, sehr groß war. Einer hat dem anderen stets geholfen. Das war eine Sache, die sehr, sehr wichtig war. Und wir haben auch zum Beispiel an den jüdischen Feiertagen ein Konzert gegeben, wir haben den Feiertag also auch irgendwie gefeiert.

Und dann war da die Musik an sich. Ich hab ja schon früher immer viele Lieder gesungen von Mozart, Schubert und von allen möglichen Komponisten. In diesem Arbeitslager hatte ich dann eine Freundin, die konnte Klavier spielen. Sie hat mich immer begleitet. Und es gab da noch einen Geiger, der konnte zum Beispiel Lieder vorbereiten und organisieren, damit wir das zu dritt vortragen konnten. Also, wir haben uns gegenseitig geholfen, mit Kultur das Leben etwas besser zu machen. Wir haben etwas dafür getan, damit es nicht so furchtbar schlimm ist. Obwohl es natürlich trotzdem schlimm genug war! Aber wir haben versucht, es doch ein klein wenig besser zu machen. Dadurch, dass wir eben kulturell ein bisschen was gemacht haben. Und wenn jemand uns dabei gestört hat, dann war das die SS. Die waren natürlich nicht immer einverstanden mit dem, was wir machen wollten. Aber es war wenigstens ein kleiner Trost für uns, dass wir uns noch ein bisschen kulturell beschäftigen konnten.

Kay

Hat man Ihnen in Auschwitz eine Nummer tätowiert?
Ja, natürlich. Das hat sich alles da in dieser „Sauna“ abgespielt.

Florian

Welche Nummer haben Sie?
Man hat uns erst mal die Haare geschoren und wir mussten uns nackt ausziehen. Diese schrecklichen SS-Männer sind dann dabei geblieben, die haben sich noch köstlich amüsiert … Und wir wussten nicht: Was geschieht jetzt mit uns? Es war ganz entsetzlich. Wir haben angefangen zu weinen.

Ihr dürft nicht vergessen, wir waren damals 18, 19, 20 Jahre alt – die meisten von uns. Wir wollten uns nicht ausziehen vor diesen Männern, das konnten wir uns überhaupt gar nicht vorstellen. Aber dann kamen irgendwelche Gefangene, die schon länger da waren, und die haben gesagt: „Ihr müsst alles tun, was die euch sagen! Ihr müsst euch nackt ausziehen! Wenn ihr das nicht tut, dann seid ihr jetzt schon tot! Die werden euch erschießen!" – Danach haben wir uns ausgezogen, weinend. Und dann ging es immer so weiter. Wir mussten unter eine kalte Dusche, von dort dann in einen Heißluftraum, um zu trocknen, weil es gab ja keine Handtücher. Man konnte kaum atmen, so heiß war das darin. Dann mussten wir diese schreckliche Kleidung anziehen. Sträflingskleidung … so blau-weiße Sträflingskleider, die habt ihr bestimmt alle schon mal gesehen. Keine Unterwäsche oder irgendsowas gab es. Da, von da an, haben wir gewusst: Jetzt sind wir im KZ. Und die Leute, die schon dort angekommen waren und die dagesessen hatten und uns zum Teil die Nummern auf den linken Arm eintätowiert haben, die haben uns noch mal gesagt: „Ihr müsst alles tun, was man euch sagt." Ja, das haben wir dann auch getan.

Auschwitz. Der Friedensnobelpreisträger und Holocaust-Überlebende Elie Wiesel schrieb einst:

„Auschwitz kann weder erklärt werden, noch kann man es sich vorstellen. Der Holocaust steht außerhalb der Geschichte."

Wir spüren, wie aufgeregt Esther Bejarano ist. Jetzt kommt der wahrscheinlich schwierigste Teil ihrer Biografie. Die Zeit in Auschwitz, das Konzentrationslager, das weltweit zum Symbol für den Holocaust und den Völkermord wurde. Ausschlaggebend für die Einrichtung des Lagers war die steigende Zahl der von der deutschen Polizei festgenommenen Polen. Die Gefängnisse waren überfüllt, die Nazis suchten nach einer Lösung. Die SS bildete das Wachpersonal und die Führungskader im Lager. Sie führte Exekutionen durch, quälte und misshandelte die Häftlinge. Bis zu 8000 Mitglieder der SS arbeiteten während der gesamten Zeit seines Bestehens im Konzentrationslager Auschwitz.

In der Zeit zwischen 1940 und 1945 wurden ins Konzentrationslager Auschwitz und in dessen Nebenlager knapp 1,3 Millionen Menschen deportiert: Juden, Polen, Sinti und Roma, sowjetische Kriegsgefangene, Homosexuelle, politisch Andersdenkende. Die Nationalsozialisten versuchten, all diejenigen aus dem Weg zu räumen, die nicht in ihr Weltbild passten. Mehr als die Hälfte der registrierten Häftlinge sind verhungert, erfroren, durch medizinische Versuche oder Krankheiten, die sie sich im Lager eingefangen haben, verstorben oder eben exekutiert worden. Eine unvorstellbare Zahl.

Als Kay und Florian sich diese Fakten später noch einmal vergegenwärtigen, müssen sie schlucken.

Beide kommen aus Bochum, einer Stadt mit knapp 400 000 Einwohnern im Ruhrgebiet. Was wäre, wenn diese Stadt, ihre Einwohnerinnen und Einwohner, plötzlich ausgelöscht würde – aufgrund einer politischen Ideologie? Wie weit ist die Geschichte entfernt?

In einer Zeit, in der das neueste Smartphone und Streamingdienste selbstverständlich sind, spielen solche Überlegungen oft nur noch am Rande eine Rolle. Zwar ist der Themenbereich Nationalsozialismus und Holocaust im Schulfach Geschichte als verpflichtender Unterrichtsgegenstand fest verankert, doch wo findet eine intensive Auseinandersetzung darüber hinaus für Heranwachsende statt?

Später wird uns Esther Bejarano bei der Verabschiedung noch einmal ermahnen: *„Ihr müsst meine Geschichte weitererzählen!"* Spürt sie, dass ihr Kämpferherz müde ist? Spürt sie, dass sich der Lebensweg dem Ende neigt?

Florians ursprüngliche Frage nach der eintätowierten Nummer hat sie inzwischen anscheinend vergessen. Ich hake nach.

Sascha Hellen

Frau Bejarano, wie ist Ihre Nummer?

41948

(Sie spricht sie folgendermaßen aus: Einundvierzigtausendneunhundertachtundvierzig). Ich habe immer gedacht, als man mir diese Nummer eintätowiert hat … zuerst hat man sie ja gar nicht gesehen, weil das alles von dieser Tätowierung so stark angeschwollen war. Nachher, als ich sie lesen konnte, habe ich mich gefragt: Mein Gott, wo sind denn diese ganzen Menschen? Wenn das eine Registriernummer ist, dann müssen doch die Menschen irgendwo sein. Aber wo sind sie?

Sascha Hellen

Ist das Tattoo inzwischen verblasst? Auf ihrem Arm ist nichts zu erkennen.

Nein, ich habe es mir wegmachen lassen. Ich konnte das nicht mehr aushalten, hier in Deutschland. In Israel war das anders, dort habe ich andere Schwierigkeiten damit gehabt. Denn jeder, der dort meine Nummer sah, hat mich nach irgendwelchen Verwandten gefragt, ob ich die gekannt habe oder so … Die haben das in Israel ja gewusst, dass jeder, der eine solche Häftlingsnummer hat, in Auschwitz war.

Hier in Deutschland war die Sache aber noch eine viel schlimmere, weil ich nämlich dann gemerkt habe: Die Menschen haben überhaupt keine Aufklärung gehabt. Die wussten überhaupt nicht, was diese Nummer bedeutet. Und dann hat man mir solch idiotische Fragen gestellt, die einfach unmöglich waren. Ich konnte mich nicht mehr retten vor diesen Fragen. Das war so furchtbar und es hat mich wahnsinnig geärgert.

Einmal war ich in der U-Bahn oder S-Bahn in Berlin. Da kam ein Mann auf mich zu und hat mich gefragt, wo dieser Zug endet. Ich wusste es nicht. Ich wusste nur, ich musste zu einer bestimmten Haltestelle fahren. Also habe ich ihm geantwortet: „Tut mir leid, das weiß ich nicht, ich bin keine Berlinerin, ich habe keine Ahnung. Ich weiß nur, wo ich hin muss, aber die Endstation dieses Zuges kenne ich nicht." Daraufhin hat sich ein anderer eingemischt, der mit in der U-Bahn war, und hat zu dem Mann gesagt: „Die brauchen Sie doch gar nicht zu fragen! Gucken Sie doch mal auf ihren Arm, die hat doch ihre Telefonnummer da eintätowieren lassen, damit die Männer sie schneller erreichen können." Solche und ähnliche Sachen gab es ... ganz furchtbar!

Oder ein anderes Beispiel: Am Anfang hatten wir eine Wäscherei, mein Mann und ich. Wir mussten ja von irgendetwas leben, da haben wir eine Wäscherei übernommen. Und dann sind Leute gekommen, und wenn die die Nummer gesehen haben, haben sie gesagt: „Ach, haben Sie sich die Nummer eintätowieren lassen, damit Ihr Mann Sie in die Waschmaschine stecken kann?“ Ja, sehr witzig. Lauter solche schrecklichen Sachen musste ich mir anhören … Und ich habe gemerkt, die Menschen sind überhaupt nicht aufgeklärt worden. Die wissen überhaupt nicht, was diese Nummer bedeutet!

Die Fragen haben mich so beleidigt, dass ich gesagt habe: Nein, ich kann diese Nummer nicht mehr auf meinem Arm sehen! Abgesehen davon, dass sie einen immer wieder daran erinnert, was sie wirklich bedeutet. Und ich habe dann zu meinem Mann gesagt: „Ich will die Nummer nicht mehr sehen! Ich will sie nicht mehr haben.“ Mein Mann hat immer gesagt: „Also, das kommt überhaupt nicht in Frage! Du lässt die Nummer! Du bist nicht schuld daran, dass du diese Nummer hast! Da sind die Nazis dran schuld. Die haben dir die Nummer da eintätowiert.“ Aber ich wollte sie nicht mehr. Ich wollte weder sie noch diese idiotischen Fragen gestellt bekommen, geschweige denn sie beantworten, was ich sowieso nicht gemacht habe. Das alles hat mir sehr wehgetan. Daraufhin habe ich mich entschlossen, nach Israel zu fahren, und dort habe ich mir dann diese Nummer von einem Palästinenser wegmachen lassen. Und darum trage ich jetzt keine Nummer mehr. Aber der hat das so schlecht gemacht, dass man es doch noch sieht. Man erkennt noch, wo die Nummer war, aber ich sehe sie zumindest nicht mehr.

Während sie über diese unsägliche Nummer auf ihrem Arm spricht, verzieht Esther Bejarano keine Miene. Generell wirkt sie sehr streng, über Strecken gar hart, auch mit sich selbst. Wahrscheinlich hat sie einfach ihr ganzes Leben kämpfen müssen – ums Leben und Überleben in der Zeit im Konzentrationslager, danach und bis heute. Gegen Nazis, Querdenker und all diejenigen, die aus der Geschichte nichts verstanden haben. Die Jugendlichen vermissen manchmal eine Herzlichkeit, das ist deutlich zu spüren. Ich vermute, dass Esther Bejarano mit sich hart ins Gericht geht. Kein Platz für Emotionen. Sachlich und nüchtern möchte sie über das Erlebte und Geschehene berichten. Manchmal spricht Esther Bejarano wie eine Lehrerin. Man spürt, dass sie ihren Auftrag, die Geschichte weiterzugeben, ernst nimmt. Sehr ernst.

Kay

Der Tag des Kriegsendes und der Befreiung von der NS-Diktatur, der 8. Mai 1945, wird auch als „Stunde Null" bezeichnet. Gab es für Sie auch eine „Stunde Null", konnten Sie sich überhaupt nach dem Erlebten freuen?

Es gab überhaupt keine „Stunde Null". Alles ging ja so weiter, wie es gewesen ist. Vielleicht nicht ganz so schlimm, aber ich sage immer, es gibt so einen roten Faden von 1945 bis heute. Man wollte einfach nicht, dass die Menschen wissen, was damals geschah. Ich kann mich sogar noch daran erinnern, dass es einen amerikanischen Spielfilm gab, und zwar hieß der „Holocaust". Den hat man gezeigt. Und erst dann haben die Leute sich gefragt: Oh, was war das denn? Die haben gar nicht gewusst, was damals geschehen ist!

Ich kann mich noch daran erinnern, als ich wieder hier in Deutschland war, wie Leute zu mir gekommen sind und mir gesagt haben: „Frau Bejarano, was haben Sie alles erlebt? Wie furchtbar! Wir hatten ja keine Ahnung! Erst durch diesen Film ‚Holocaust' …" Und genau so war das auch mit den Nummern. Viele Leute hatten einfach keine Ahnung, was diese Nummer bedeutet.

Florian

Haben Sie noch Kontakt zu anderen Auschwitz-Überlebenden?

Ja, habe ich.

Florian

Also auch zu Personen, die mit Ihnen zeitgleich da waren?

Ich habe zum Beispiel einen Freund, mit dem ich zusammen nach Auschwitz gekommen bin. Er lebt heute in Israel, schon lange. Mit ihm telefoniere ich manchmal. Den kenne ich sehr gut. Aber sonst kenne ich nicht sehr viele Leute, die überlebt haben. Nur diejenigen, die ich jetzt in der letzten Zeit kennengelernt habe, die auch in Auschwitz waren. Aber das sind nicht viele.

Sascha Hellen

Sie sind ja häufig nach Auschwitz zurückgekehrt, auch in Ihrer Funktion für das Auschwitz-Komitee[23].
Also, so häufig nicht …

Sascha Hellen

Aber Sie waren einige Male noch da.
Ja, ein paarmal.

Sascha Hellen

Diese Konfrontation mit der eigenen Vergangenheit, das muss Sie doch furchtbar aufwühlen, das muss Ihnen doch überhaupt keine Ruhe mehr geben …
Das stimmt, ich kehre auch nicht gerne nach Auschwitz zurück. Ich habe das gemacht, um Jugendliche

23 Ein Zusammenschluss von Überlebenden des Konzentrationslagers Auschwitz: *https://www.auschwitz.info*

dorthin zu bringen. Um ihnen zu erklären und ihnen zu helfen, das irgendwie zu verstehen. Das habe ich gemacht, zweimal oder dreimal. Aber das ist für mich kein Vergnügen, das ist immer eine Anstrengung, und ich mag das nicht.

Außerdem sieht heute Auschwitz ganz anders aus, als es damals war. Früher war da nur dieser schreckliche Sandboden, der war ganz furchtbar, und es gab weder Blumen noch Bäume. Es gab nichts Grünes. Als wir dort waren, dort leben mussten, war alles nur Grau in Grau. Wenn man heute da hinfährt, dann sieht das alles so friedlich aus ... Es ist nicht das, was es mal war. Ich fahre sehr ungern dorthin und ich werde auch, glaube ich, nicht mehr hinfahren.

An dieser Stelle legt Esther Bejarano eine Redepause ein. Vielleicht hat sie den Entschluss, künftig nicht mehr nach Auschwitz zu fahren, gerade jetzt, in diesem Moment gefasst, während sie mit uns spricht. Ihre Gedanken kreisen um diesen Ort, der ihr Leben auf so grausame Weise geprägt und verändert hat. Nein, dorthin will sie nicht mehr zurück. Esther Bejaranos Blick verliert sich irgendwo in der Ferne. Wir sind still, wollen ihre Gedanken nicht unterbrechen. Stattdessen warten wir geduldig, bis sie wieder das Wort an uns richtet.

Wisst ihr, in meinen Augen ist Auschwitz ein Friedhof. Der größte Friedhof der ganzen Welt. Denn ganz, ganz viele Menschen, die aus ganz verschiedenen Ländern kamen … nicht nur Juden, sondern auch Christen, Moslems … unterschiedliche Nationalitäten und Religionen – alle sind sie dort umgebracht worden. Und man muss jetzt gar nicht anfangen, darüber nachzudenken, welchen Anteil die Christen daran hatten, welchen die Juden und so weiter … denn Menschen aus der ganzen Welt wurden in diesem schrecklichen Vernichtungslager ermordet. Und deswegen ist es der größte Friedhof der Welt. So sehe ich Auschwitz.

Florian

Wie haben Sie die Befreiung von Auschwitz erlebt? Wie ist sie abgelaufen?

Ich habe die Befreiung von Auschwitz nicht selbst miterlebt. Als Auschwitz befreit wurde, da waren wir alle schon woanders. Nicht mehr in Auschwitz. Dort waren nur noch diejenigen, die nicht mehr laufen konnten, die schon so schwer krank waren, dass sie gar nicht mehr irgendwohin gehen konnten. Wir aber sind alle auf die sogenannten Todesmärsche gekommen.

Ich selbst bin von Auschwitz nach Ravensbrück gekommen, weil ich ja wie gesagt die christliche Großmutter hatte. Und deswegen bin ich mit 70 anderen Frauen, die sich auch gemeldet hatten, nach Ravensbrück gekommen, wo wir dann Zwangsarbeit verrichtet haben für Siemens und andere Firmen. Also, über die Befreiung, wie das Ganze in Auschwitz abgelaufen ist, als die Rote Armee dort einmarschiert ist, darüber kann ich euch leider nichts erzählen.

Kay

Frau Bejarano, ich bin jetzt 18 Jahre alt. Sie waren 18, als Sie nach Auschwitz gekommen sind. Als junger Mensch hat man ja Träume, Lebensziele und man stellt sich vor, wie die Zukunft wird. Wie hat die Schoa Sie als Person verändert? Wie hat sie Ihre Interessen verändert oder Ihren Charakter?

Dadurch, dass wir so aufgewachsen sind – eben Deutschland verlassen zu müssen, weil Juden hier verfolgt werden, hatte man stets das Gefühl und den Gedanken –, man muss jetzt versuchen, irgendwo anders eine Heimat zu finden. Das könnt ihr euch wahrscheinlich gar nicht vorstellen, war aber so.

Ich war damals 21, als ich nach Israel ausgewandert bin. 1945 habe ich dagestanden und gesagt: So, jetzt ist der Krieg zu Ende. Was mache ich denn jetzt? Bleibe ich hier in Deutschland oder reise ich nach Israel?

Ich war ja ohnehin schon in einem Vorbereitungslager gewesen zwecks einer Auswanderung dorthin. Und natürlich wollte ich in Deutschland nicht mehr bleiben. Aber mehr wusste ich damals noch nicht. Ich wollte nur noch meine Eltern und meine Schwester Ruth wiederfinden sowie meinen Bruder und meine Schwester, die ohnehin schon im Ausland lebten.

Dass meine Eltern nicht mehr leben sollten, konnte ich mir nicht vorstellen. „Wo sind die?", habe ich mich gefragt. Es hat jahrelang gedauert bis ich …

Immer hatte ich das Gefühl, dass meine Eltern und auch meine Schwester Ruth noch lebten. Irgendwo. Ich habe nach ihnen gesucht, doch ich habe niemanden gefunden. Und dann habe ich mir gesagt: Hier in Deutschland bleibe ich nicht.

Dadurch, dass ich damals ja mit noch vielen anderen Jugendlichen in diesem Vorbereitungslager war, war das Kapitel Deutschland zu Ende. Und dann bin mit vielen anderen nach Palästina ausgewandert – 1945.

In Palästina habe ich dann eine Familie gegründet und meinen Mann kennengelernt, der in Israel geboren wurde. Dort habe ich dann meine Kinder zur Welt gebracht und auch 15 Jahre gelebt. Und ich dachte: Israel wird jetzt meine Heimat sein oder zumindest mein Zuhause. Aber das entwickelte sich anders ganz ...

Was ich schon eben gesagt habe: Der Zionismus veränderte sich. Und das, was sich dann nachher in Israel abgespielt hat, war sehr unschön. Es gab nur noch Kriege gegen die Palästinenser, aber mein Mann wollte nicht mehr in den Krieg ziehen, weil er von Haus aus Pazifist war. Er wollte überhaupt nicht kämpfen – gegen niemanden. Und so haben wir uns gefragt: Was machen wir? Bleiben wir jetzt hier in Israel?

Wären wir geblieben, hätte man meinen Mann in den Knast geschickt, denn es gab damals keine Kriegsdienstverweigerung. Das wollten wir natürlich nicht. Darum haben wir uns entschlossen, weil wir sowieso nicht einverstanden waren mit der Politik in Israel – also mit der Politik, die gegen die Palästinenser gemacht wurde –, wegzugehen. Nur wohin?

Als ich noch in Israel gelebt habe, habe ich aus Deutschland einen sogenannten „Heimatschein" bekommen. In dem stand, dass ich nie die deutsche Staatsangehörigkeit verloren habe. Das heißt, ich bin eine deutsche Staatsangehörige. Ich spreche die deutsche Sprache, und man hat mir versprochen, wenn ich wieder zurückkomme nach Deutschland, dann wird der Staat mir helfen, irgendwie Fuß zu fassen. In ein anderes Land konnte ich nicht gehen, weil ich die Sprache nicht kannte. Nach England hätte ich eventuell noch gehen können, aber ich bin deutschsprachig, und mein

Mann wollte unbedingt hierher … Er sagte, ihm mache das nichts aus, im Gegenteil: Er wollte gerne nach Deutschland. Später dann aber fühlte er sich irgendwie so, als ob er mir wehgetan hätte. Er hat mir dann gesagt: „Was habe ich dir angetan? Du bist in das Land der Täter wieder zurückgegangen." Und ich habe ihm daraufhin gesagt: „Weißt du was? Wenn du da bist, ist das für mich eine große Hilfe, und vielleicht wirst du mir helfen. Ganz bestimmt sogar wirst du mir helfen, darüber hinwegzukommen. Erst mal versuchen wir das, wir gehen nach Deutschland."

Ich habe aber auch gesagt: „Mit einem Vorbehalt: Ich werde in Deutschland nur dorthin gehen, wo ich noch nie war. Also weder nach Saarbrücken noch nach Ulm an der Donau. Und auch nicht nach Breslau, wo meine Eltern zuletzt waren. Ich muss irgendwohin, wo ich noch nie war."

Ich hatte damals Freunde, die auch von Israel weg und nach Hamburg gezogen sind. Allerdings stammten sie auch gebürtig aus Hamburg. Die haben uns damals immer geschrieben: „Kommt nach Hamburg, Hamburg ist eine wunderbare Stadt! Ihr werdet euch wohlfühlen. Es gibt auch keine Nazis mehr." – Was natürlich nicht gestimmt hat, aber ich wollte ihnen glauben. Und so sind wir dann nach Hamburg gekommen. Im Jahre 1960. Seitdem lebe ich hier in Hamburg.

Sascha Hellen

Sie sind Musikerin. Sie blicken auf ein bewegtes Leben zurück. Gibt es einen Soundtrack Ihres Lebens? Welches Lied passt zu Ihrem Leben?

Ich habe ein Lied, das ist mein Lieblingslied. Es ist in der jiddischen Sprache und heißt auf Deutsch: *„Wir leben trotzdem! Wir werden leben und erleben und schlechte Zeiten überleben. Wir leben trotzdem, wir sind da!"* Das ist meine Devise.

Sascha Hellen

Ist Musik eine Möglichkeit, Vergangenes zu verarbeiten, Traumata zu verarbeiten?

Ja, natürlich. Sonst würde ich sie ja nicht machen. Also, mit Musik kann man sehr, sehr viel tun. Man kann beispielsweise die Menschen von einer Sache überzeugen. Das ist ja das, was ich mit meiner wunderbaren Gruppe, der „Microphone Mafia" versuche zu machen. Es gibt in dieser Gruppe Juden, Christen und Moslems. Wir treten zusammen auf, wir verstehen uns wunderbar – und das ist auch etwas, was wir den Menschen vermitteln wollen: Es gibt keine Unterschiede zwischen Menschen. Man muss sich immer sagen: Mit dem Menschen könnte ich doch gut auskommen. Aber wenn man gleich von Anfang an gegen alles ist, dann schafft man das nicht.

Gab es auch Momente, wo Sie nicht mehr musizieren wollten und konnten?

Nein. Am Anfang natürlich konnte ich hier in Deutschland jahrelang keine Musik machen. Ich bin ja ausgebildete Koloratursopranistin, und ich hätte sehr gut beispielsweise im Opernchor singen können. Man hätte mich sofort aufgenommen. Aber ich konnte das nicht machen, weil ich mich um meine Kinder kümmern musste. Als wir nach Deutschland gekommen sind, da war der Joram sieben Jahre und meine Tochter Edna neun Jahre alt. Die mussten ja erst einmal Deutsch lernen und in eine ordentliche Schule.

Das war übrigens damals auch ganz furchtbar, denn man hat einfach meine beiden Kinder in eine Sonderschule geschickt. Ich wusste damals überhaupt nicht, was das heißt, Sonderschule. Ich hab gedacht, das heißt Sonderschule, weil die da erst mal Deutsch lernen, ehe sie dann in eine allgemeine Volksschule kommen. Doch Sonderschulen waren Schulen für geistig behinderte Kinder. Und wenn die beiden aus der Schule kamen, hatten sie überhaupt keine Hausaufgaben auf. Wenn ich dann nachfragte: „Was habt ihr denn gelernt heute?“, dann haben die beiden immer geantwortet: „Gar nix. Wir haben nix gelernt.“

Sascha Hellen

Das war nach Ihrem Wechsel, als Sie aus Israel nach Deutschland kamen, Anfang der 60er-Jahre?

Genau.

Sascha Hellen

Trainieren Sie heute noch Ihre Stimme täglich oder regelmäßig?

Überhaupt nicht.

Sascha Hellen

Gar nicht mehr?

Nein, das brauche ich auch nicht, denn ich singe ja nicht mehr Koloratur, also Koloratursopran. Das kann ich jetzt vergessen, das kann ich nicht mehr. Aber das, was ich noch an Gesang zu bieten habe, kann ich auch so. Dafür brauche ich keine Übungen zu machen. Gar nicht. Außerdem haben wir ohnehin so viele Konzerte, sodass ich oft auf der Bühne stehe.

Das ist dann zuweilen wirklich komisch ... Denn manchmal fühle ich mich vor einem Konzert ganz schlecht. Dann sage ich zu meinem Sohn oder zu Kutlu: „Also, heute geht gar nix, ich kann nichts machen." Und dann sagen die beiden mir: „Ja, Esther. Warte mal, bis du auf die Bühne kommst, dann klappt das alles!" – Ja, und so ist das. Also, in dem Moment, in dem ich auf die Bühne komme, sind alle meine Zipperlein weg! Und ich kann ein schönes Konzert machen.

Sascha Hellen

In der Coronapandemie sind bereits viele Veranstaltungen ausgefallen oder wurden begrenzt von der Teilnehmerzahl. Haben Sie den Eindruck, dass diese Pandemie Ihnen wertvolle Zeit raubt, die Sie viel besser einsetzen könnten in Schulen, bei Veranstaltungen und so weiter?

Natürlich. Also, Corona ist ganz schlimm für uns, weil alle unsere Konzerte abgesagt wurden. Ich kann auch nicht mehr in Schulen gehen, es geht ja gar nix momentan. Das ist furchtbar!

Jetzt gibt es wieder neue Bestimmungen, aber ich sage: Das, was die Regierung jetzt macht, dass die Regeln wieder strenger werden, das haben wir nur diesen Leuten zu verdanken, die sich eben nicht daran halten, sondern sogar noch irgendwelche Zusammenkünfte gegen Coronamaßnahmen veranstalten und das Ganze ins Lächerliche ziehen und sagen: Ach, das ist doch alles gar nicht so schlimm, und die Regierung … das ist doch Quatsch, das brauchen wir nicht!

Es gibt auch jede Menge Leute, die sagen: Einen Mundschutz braucht man überhaupt nicht, man braucht auch keinen Abstand, das ist nur eine Schikane der Regierung. Also, ich kann diese Leute nicht verstehen. Da steckt so ein Erzegoismus hinter, das ist so was Schlimmes! Und dieser Egoismus ist im Laufe der Jahre immer schlimmer geworden, immer schlimmer. Wir haben den Kapitalismus und der Kapitalismus erzieht die Menschen zum Egoismus. Die wollen dann alles für sich haben, nichts abgeben an andere. Man braucht ja nur zu sehen, wie die Leute reagieren, wenn es heißt, es kommen so und so viele Flüchtlinge.

Ich habe neulich eine Frau getroffen, irgendeine, die ich gar nicht kannte, aber sie kannte mich. Und da sagte sie zu mir: *„Ach, wozu brauchen wir denn überhaupt diese Flüchtlinge? Sollen die doch alle im Meer untergehen, dann brauchen wir uns wenigstens nicht um sie zu kümmern!“* Das ist unmöglich! Wie kann man überhaupt so denken?

Kay

Frau Bejarano, ich habe hier etwas ausgedruckt. Könnten Sie sich das vielleicht anschauen? Das sieht man jetzt immer auf den Querdenker-Demos – einen Da-

vidstern mit der Aufschrift „Ungeimpft". Das heißt, die Querdenker sagen, sie sind die Opfer.
Ungeimpft?

Kay

Ja, diese Menschen, also die Querdenker, wollen sich nicht impfen lassen – und stellen sich dann als Opfer dar. Fühlen Sie sich dadurch verletzt? Was fühlen Sie, wenn Sie so etwas sehen – wo Sie doch selbst den Stern tragen mussten?
Was die von sich geben, ist sowieso alles schrecklich. Das ist ganz furchtbar. Ja, ich habe selbst diesen Stern tragen müssen – zum Beispiel als ich die Zwangsarbeit machen musste. In dem Zwangsarbeitslager mussten wir auch immer mit diesem Stern rumlaufen. Also, wirklich, wer auf solche Gedanken kommt …

Sascha Hellen

Jetzt haben Sie ja soeben den Kapitalismus verteufelt. Man merkt: Ihr Herz schlägt links.
Ja, stimmt. Das bin ich. Ich bin eine Linke. Oder sagen wir mal, ich bin eine Sozialistin. Also, ich möchte, dass es allen Leuten gut geht, und ich bin dafür, dass es keine großen Unterschiede gibt. Ihr müsst euch mal angucken, was

wir jetzt zum Beispiel für eine Situation haben: Wir haben einerseits ganz, ganz reiche Leute, denen es unheimlich gut geht, und andererseits viele arme Menschen. Die Diskrepanz zwischen Arm und Reich wird immer größer.

Ja, was ist denn das für ein Leben? Das ist doch unmöglich! Man muss es doch möglich machen, dass es allen Menschen gut geht, dass sie leben können, dass sie gut arbeiten können und so weiter ... Und angesichts von Corona ist das jetzt natürlich besonders schlimm, weil dadurch viele Leute auch noch ihre Arbeit verlieren. Das ist eine ganz, ganz schlimme Angelegenheit. Und: Die Leute, die sich nicht daran halten, was man ihnen sagt, was sie jetzt tun müssen, da sind ganz viele Nazis dabei. Da ist zum Beispiel die AfD, die die Leute zu den Demos schickt, und die versprechen sich etwas davon ... Die denken: Ach, komm, lass uns doch mal das machen! Wir werden ungehorsam sein, dann kommen die Leute zu uns. Dann werden wir noch mehr Menschen haben, die sich uns anschließen. So denkt die AfD! Und wir *müssen* sehen, dass diese ganzen rechtslastigen Parteien oder Organisationen verschwinden. Das muss einfach verboten werden.

Kay

Wie lautet Ihre Nachricht, Ihre Botschaft an uns, die jungen Menschen?

Was ich jungen Menschen immer sage, ist: „Ihr habt keine Schuld an dem, was damals geschah. Aber ihr macht euch schuldig, wenn ihr nicht *wissen* wollt, was damals geschah. Darum: Hört gut zu und verinnerlicht das, was ich euch erzähle.“ Das sage ich den jungen Menschen, damit sie wissen sollen: Wir wollen ein gutes Leben haben, alle miteinander. Und: Man darf niemals schweigen, wenn irgendetwas nicht in Ordnung ist. Dann darf man nicht schweigen. So, wie es damals geschehen ist. Ihr habt es ja selbst gesagt: Viele Leute haben mitgemacht und haben sich gar nicht darum gekümmert. Das darf nicht mehr sein. Es darf nicht mehr geschwiegen werden! Das ist es, was ich den jungen Menschen sage.

Florian

Sind Gespräche wie dieses Ihr Vermächtnis?

Ja, so kann man es ausdrücken. Ihr sollt verstehen, dass wir alles tun müssen, um nicht mehr zu schweigen. Man muss etwas sagen, wenn etwas geschieht, das nicht in Ordnung ist. Werden zum Beispiel Leute angegriffen, beschimpft oder was weiß ich, muss man sich dagegen wehren und darf es nicht einfach nur geschehen lassen. Das ist das, was ich möchte, das die Jugendlichen von unserer Arbeit erfahren sollen. Es ist unsere Arbeit und unser Wille, dass so etwas wie Nationalsozialismus nie wieder hier in Deutschland aufkommen darf. Ich zum Beispiel sage: Es gibt überhaupt keinen Nationalsozialismus, sondern es gibt einen Nationalfaschismus. Eigentlich hätten die sich Nationalfaschisten nennen müssen und nicht Nationalsozialisten. Denn was für einen Sozialismus haben sie denn gemacht? Haben die irgendeinen Sozialismus gebracht in ihrer Amtszeit? Nein.

Kay

Frau Bejarano, eine aktuelle Frage habe ich noch: Dass man heutzutage Alt-Nazis verfolgt, spaltet die Gesellschaft. Der eine Teil sagt: Die Täter von vor 75 Jahren haben bis heute noch nie deswegen vor Gericht gestanden. Die anderen sagen: Lasst die 90-Jährigen in Ruhe! Wie stehen Sie dazu, wenn heute ein Täter, der vor 75 Jahren in Auschwitz war, vor Gericht gestellt wird?

Das finde ich völlig in Ordnung, dass diese Alt-Nazis, die ja Jahrzehnte in Deutschland in Ruhe leben konnten, ohne dass sie dafür bestraft wurden, jetzt zur Rechenschaft gezogen werden. Das gab es ja bisher überhaupt nicht. Und warum? Weil es eben keine Entnazifizierung gab. Diese ganzen Nazis, die konnten ja weiter in Deutschland leben, unbehelligt. Und ich finde es völlig in Ordnung, 90-Jährige, vielleicht sogar noch Ältere oder ein bisschen Jüngere, vor Gericht zu stellen. Sie konnten lange genug in Ruhe in Deutschland leben. Und wer weiß, was sie für Ansichten haben oder auch nicht. Aber sie müssen für das, was sie getan haben, bestraft werden. Denn was sie begangen haben, sind Verbrechen.

Wer zum Beispiel als Wächter in Auschwitz tätig war, hat doch genau gesehen, was dort geschehen ist. Wie viele Menschen dort umgebracht wurden. Die haben das doch gewusst! Aber sie haben sich nicht dagegen gewehrt. Sie haben mitgemacht. Die muss man verurteilen.

Wenn jemand ein Verbrechen begeht, muss er verurteilt werden. Und da ist es ganz egal, ob er nun 90 Jahre alt ist oder nur 75. Er *muss* unbedingt verurteilt werden. Es liegt mir nichts daran, die Menschen ins Gefängnis zu bringen. Die kriegen sowieso mit 90 Jahren Haftverschonung … also, die brauchen gar nicht ins Gefängnis zu gehen. Aber sie müssen verurteilt werden. Das sagt unser Grundgesetz, da steht das auch drin, dass all diejenigen, die ein Verbrechen begehen, bestraft werden müssen.

Sascha Hellen

Frau Bejarano, Sie haben es vorhin selbst gesagt – es sind nicht mehr viele Zeitzeugen übrig. Wie kann Erinnerungskultur aussehen, wenn die Zeitzeugen mal gar nicht mehr da sind?

Ja, das ist eine ganz schwierige Frage. Aber wir haben ja zumindest Organisationen, die eben auch sehr viel tun, nämlich die sogenannten Antifaschisten. Wir haben antifaschistische Verbände. Man versucht manchmal, die irgendwie so wegzuschieben und zu sagen: Antifaschismus, was soll das denn? Da antworte ich ganz deutlich: Wir wollen nicht, dass der Faschismus wieder zu uns kommt! Denn das, was damals geschah, das war Faschismus.

Jetzt sagen einige Leute: Ja, aber man müsste einen anderen Namen erfinden, der so etwas Ähnliches aussagt, aber doch nicht Faschismus, denn Faschismus, das gab es nur in Italien, in Spanien und so weiter.

Das ist doch ganz großer Blödsinn! Der deutsche Faschismus, das war der schlimmste Faschismus, den es überhaupt gab. Wo gibt es das in anderen Ländern, dass man fabrikmäßig Menschen ermordet hat? Wo gibt es das, außer in Deutschland? Das war ein Faschismus, der einfach … nicht zu begreifen ist.

Es ist auch nicht zu begreifen, dass es überhaupt Menschen gibt oder gegeben hat, die sich solche Sachen ausgedacht haben. Davon müssen wir berichten, immer und immer wieder, so lange wir es noch können … Und die Menschen, die uns jetzt zuhören – vornehmlich junge Menschen, die die Welt von morgen mitgestalten – müssen dieses Wissen, das sie aus erster Hand bekommen haben, in unserem Namen weitergeben. Das ist Erinnerungskultur. So bleibt sie lebendig.

Esther Bejarano faltet die Hände, es herrscht betretenes Schweigen in der Runde. Die Jugendlichen spüren, dass hier gerade eine ganz Große gesprochen hat. Sie spüren aber auch, dass dies ein Moment in ihrer eigenen Biografie sein wird, der noch lange nachhallen wird. Eine der Begegnungen, von denen sie womöglich noch ihren Kindern und Enkelkindern berichten werden.

Wie werden Florian und Kay mit diesem Auftrag umgehen? Jetzt sind sie 16 und 18 Jahre alt. Wie werden sie in 20 Jahren über die Schoa denken, über die Begegnung mit Esther Bejarano berichten? Werden sie sich an Details erinnern können? Werden sie vielleicht sogar noch wissen, dass sie ihre Gläser während des ganzen Gespräches nicht angerührt haben, zu aufregend war das Gespräch, zu aufwühlend die Eindrücke?

Es läutet.

Esther Bejarano schaut irritiert auf. Sie war in ihren Gedanken verloren. Wir spüren, wie sehr sie dieses Gespräch in Anspruch genommen hat. Die ohnehin wenigen Kräfte sind verbraucht. Sie wirkt jetzt müde, abgekämpft, geradezu schläfrig. Wer kann das sein?

Ich erinnere sie daran, dass wir noch mit Laurence Chaperon verabredet sind. „Wer?“, raunzt sie mich barsch an. Noch einmal wiederhole ich, wer Laurence Chaperon ist, während Florian zur Tür geht und sie einlässt.

Laurence Chaperon, in Frankreich geboren, gehört zweifelsohne zu den großen Fotografinnen unserer Zeit. Sie genießt das Vertrauen von Angela Merkel und vielen Spitzenpolitikern, macht seit 1999 Fotos von Merkel, sechs Jahre bevor diese Bundeskanzlerin wurde. Einige Medien bezeichnen sie als „Ästhetin der Macht“.

Ästhetik spielt bei Chaperon eine große Rolle. Sie ist ehemalige Balletttänzerin an der Oper in Paris, tanzte an der Staatsoper Bonn, bevor sie hinter die Kamera wechselte. Bescheiden und zurückhaltend im Auftreten, aber umso herzlicher betritt sie den Raum. Wir hatten verabredet, dass sie einige Aufnahmen macht, extra dafür ist sie von Berlin nach Hamburg gefahren. Ich bin dankbar, dass ich sie für dieses Projekt gewinnen konnte.

Als sie hörte, um wen es sich handelt, hat sie mir sofort zugesagt. Jetzt sind es andere Voraussetzungen. Zum Zeitpunkt unserer Absprache hatte Esther Bejarano noch kräftig und energiegeladen gewirkt ... Die Vorstellung, dass sie jetzt fotografiert werden soll, schreckt sie ab. „Um Gottes willen! Das schaffe ich jetzt nicht!" Aber schnell stimmt die Atmosphäre, und sie ist bereit, in den Garten zu gehen.

Mit großer Sensibilität und Fingerspitzengefühl schafft Laurence Chaperon einige Aufnahmen. Sie verspricht, Esther Bejarano einen Abzug aus der Session zu schicken. „Nur einen?", schmunzelt diese. „Ich bestehe auf mindestens zwei!" – und hält dabei die Hand der Fotografin fest. Schnell entsteht ein kurzes aber persönliches Gespräch.

Während Laurence Chaperon die nächste Location, im Haus, vorbereitet, nutzen Florian und Kay die Chance und machen Selfies mit der 96-jährigen Dame. Diese guckt amüsiert und lädt beide zu einem der kommenden Konzerte ein. Dass die Konzerte nicht mehr stattfinden können, ahnen wir, wollen es aber nicht glauben. Wir gehen zurück in die Wohnung. Letzte Fotoaufnahmen. Bei der Verabschiedung trennen wir uns mit vertrauten Floskeln wie: „Wir sehen uns bald wieder", „Bleiben Sie gesund", ...

Minuten später stehen wir draußen vor dem Haus. Noch immer spielen Kinder auf dem kleinen Spielplatz, genau wie vor drei Stunden. Noch immer sitzt ein Rentner auf der Bank. Es hat sich nichts verändert. Oder doch ... unsere Weltanschauung. Da hat sich einiges getan.

Ein paar Minuten später hält das Taxi. Wir laden alles ein, fahren zurück zum Hotel. Die beiden Jugendlichen sprechen kaum. Nach einigen Kilometern durchbricht der Taxifahrer die Stille: „Sie waren bei Esther Bejarano? Ich durfte sie vor Jahren auch mal fahren. Eine ganz große Frau!"

Bald wird es keine Zeit-
zeugen mehr geben.
Daher müssen wir unsere
Geschichten weitergeben,
aufschreiben und noch
versuchen, möglichst
viele von euch zu
erreichen.
Ihr müsst dann unsere
Geschichte weitertragen,
ihr müsst uns eine Stimme
geben.

Esther Bejarano

Der Besuch einer
KZ-Gedenkstätte
vermittelt mehr als
ein Geschichtsbuch.

Dr. Josef Schuster

Interview mit Dr. Josef Schuster

Präsident des Zentralrats der Juden in Deutschland

Gerne hätten wir Esther Bejarano noch weitere Fragen stellen wollen. Die Umstände ließen dies jedoch nicht mehr zu. Nach ihrem Tod sichten Florian und Kay noch einmal das Manuskript mit den Fragen, wovon etliche unbeantwortet geblieben sind – darunter Fragen zum Holocaust, zum Gedenken und zur Entwicklung im Kampf gegen Antisemitismus und Rassismus. Wir überlegen gemeinsam, wer nun stellvertretend Antwort darauf geben könnte und sind schnell beim Zentralrat der Juden in Deutschland. Auf unsere Anfrage per E-Mail bekommen wir positives Feedback. Der Präsident selbst, Dr. Josef Schuster, möchte sich der Fragen von Florian und Kay annehmen. Die beiden wählen einige aus und nutzen die Chance, dem Zentralrat darüber hinaus noch weitere zu stellen.

Präsident Schuster, Antisemitismus in Deutschland – ist er eine Ausnahme oder längst Alltag?

Es ist ganz klar eine Minderheit in Deutschland, die antisemitische Einstellungen hat. In jüngster Zeit erleben leider immer mehr Juden Antisemitismus in ihrem Alltag. Das können entsprechende Bemerkungen in der Schule sein, dass kann einem als Erwachsener passieren, wenn man zum Beispiel durch eine Kippa als Jude zu erkennen ist. Oder auf einer Party werden Witze über Juden gemacht, die auf ganz alten Vorurteilen beruhen. Oft wird auch Israel in einer Weise schlechtgemacht, die nichts anderes ist als Antisemitismus. Diesen Formen begegnen wir leider im Alltag nicht so selten.

Wie viele Holocaust-Überlebende leben noch in Deutschland?

Die Zahl wird auf ungefähr 12.000 bis 14.000 Menschen geschätzt.

Warum sprechen manche von der Schoa, andere vom Holocaust?

Beide Begriffe sind biblischen Ursprungs. Holocaust stammt aus der griechischen Übersetzung der hebräischen Bibel und wird als Brandopfer übersetzt. Der Begriff fand im englischsprachigen Raum und durch die US-Fernsehserie „Holocaust“ (1979) auch in Deutschland Verbreitung.

Das Wort Schoa kommt aus dem Hebräischen und bedeutet „Unheil“, „Verderben“ bzw. „Untergang“. Der Begriff wurde bereits 1942 von den Juden in Palästina verwendet und wurde später zur offiziellen Bezeichnung im jungen Staat Israel. Juden weltweit nutzen daher bis heute eher den Begriff „Schoa“.

Gab es eigentlich keinen Weg, das Morden in den Konzentrationslagern vor Ende des Zweiten Weltkriegs zu stoppen?

Die Alliierten, also die Gegner Deutschlands im Zweiten Weltkrieg, besaßen durchaus Informationen über die Konzentrationslager, zum Beispiel Luftaufnahmen oder Augenzeugenberichte. Wenn sie Lager bombardiert hätten, wären dabei zwar viele Menschen ums Leben gekommen, aber vielleicht hätten noch mehr gerettet werden können. Und wenn der Umsturzversuch der Attentäter vom 20. Juli 1944 geglückt wäre, wäre es vielleicht zu einem früheren Ende der NS-Diktatur und des Krieges gekommen. Doch all dies ist nicht geschehen.

Aus Sicht des Zentralrats: Wo sehen Sie positive Entwicklungen im Kampf gegen Antisemitismus bei Politik und Justiz? Wo sehen Sie noch Handlungsbedarf?

Es gibt eine ganze Reihe von Maßnahmen gegen Antisemitismus, die ich nicht alle aufzählen kann, weil das zu weit führen würde. Aber zum Beispiel gibt es seit ein paar Jahren Beauftragte im Bund und in den Ländern gegen Antisemitismus. Sie kümmern sich darum, dass in Behörden und in den Parlamenten die Sensibilität für Antisemitismus wächst und zum Beispiel mehr Geld für Projekte gegen Antisemitismus zur Verfügung gestellt wird.

Außerdem sind in den vergangenen Jahren ein paar Gesetze verschärft worden. Man darf jetzt etwa auf einer Demo nicht mehr die israelische Flagge verbrennen.

In der Justiz ist es sehr unterschiedlich. Manchmal erleben wir Richter, die bei Antisemitismus die höchstmöglichen Strafen verhängen – wie etwa gegen den Mann, der 2019 einen Anschlag auf die Synagoge in Halle verübt und dabei zwei Menschen ermordet hat. Allerdings gibt es auch immer wieder Urteile, über die wir den Kopf schütteln. Dann werden zum Beispiel Wahlplakate von rechtsextremen Parteien, die meiner Meinung nach ganz klar antisemitisch oder volksverhetzend sind, wegen der Meinungsfreiheit nicht beanstandet. Das verstehe ich ganz und gar nicht.

Wie änderte sich seit dem Zweiten Weltkrieg die Form des Antisemitismus? Mit welchen Arten haben wir es heute zu tun?

Hier hat sich seit 1945 viel verändert. Seit Deutschland an Holocaustopfer Entschädigung zahlt, gibt es Menschen, die Juden vorwerfen, Vorteile aus der Schoa zu ziehen. Sie wollen nichts mehr von den Verbrechen der Nazis hören und geben Juden die Schuld dafür, dass immer noch über das Thema gesprochen wird. Dann gibt es einen Antisemitismus, der sich auf Israel bezieht. An den Staat Israel werden oft viel höhere moralische Maßstäbe angelegt als an andere Staaten. Juden in Deutschland werden oft als Israelis betrachtet und aufgefordert, in ihre angebliche Heimat zurückzukehren. Dabei sind sie Deutsche! Manche sagen auch, Israel müsse von der Landkarte verschwinden. Das ist manchmal die Einstellung unter Muslimen. Gerade wenn sie in Syrien oder im Libanon aufgewachsen sind, haben sie das so in der Schule gelernt. Das ist Antisemitismus.

Findet nicht der größte Teil der antisemitischen Hetze inzwischen digital – also im Internet – statt?

Ich kann das nicht mit Zahlen belegen, aber nach meinem Eindruck, ja. Die Hetze in den sozialen Medien ist ein massives Problem. In der Coronapandemie sind zudem antisemitische Verschwörungsmythen hinzugekommen, die weite Verbreitung finden. Da wird dann behauptet, Juden hätten das Virus in die Welt gesetzt. Das sind Vorurteile, die es schon im Mittelalter in Bezug auf die Pest gab. Viele Juden, die ein öffentliches Amt haben oder einfach als Juden bekannt sind, erleben zudem persönliche Anfeindungen im Netz. Sie brauchen ein dickes Fell, um das auszuhalten.

„Die Hetze in den sozialen Medien ist ein massives Problem.“

Aus welchen Richtungen kommen die größten Bedrohungen für die jüdische Gemeinschaft in Deutschland?
Die größte Bedrohung liegt eindeutig im Rechtsextremismus. Bei Rechtsextremisten gehört der Hass auf Juden zum Weltbild. Auch die meisten antisemitischen Straftaten gehen auf das Konto von Rechtsextremisten. Daneben stellen auch radikale Islamisten eine Gefahr dar.

Wie plant der Zentralrat der Juden Erinnerungskultur, wenn keine Zeitzeugen mehr da sind?
Aus unserer Sicht wird die Bedeutung der Gedenkstätten noch größer, wenn die Zeitzeugen nicht mehr

berichten können. Denn an den authentischen Orten kann zum einen sehr viel Wissen als auch Empathie mit den Opfern vermittelt werden. Die Gedenkstätten sind inzwischen auch digital immer besser aufgestellt, um gerade junge Leute über die Medien zu erreichen, die Jugendliche nutzen. Daneben sollten wir auch an den Gedenkfeiern zu bestimmten Daten wie dem Internationalen Holocaust-Gedenktag am 27. Januar und am 9. November in Erinnerung an die Reichspogromnacht 1938 festhalten. Das sind keine überkommenen Rituale, sondern Möglichkeiten, um in der Mehrheitsgesellschaft regelmäßig die Schoa in Erinnerung zu rufen.

Sollte ein Besuch einer KZ-Gedenkstätte für Schüler und Schülerinnen verpflichtend im Lehrplan enthalten sein?
Definitiv ja. Das fordere ich seit Langem. Wenn ein solcher Besuch gut vor- und nachbereitet wird, wird er den Schülern mehr vermitteln als ein Geschichtsbuch.

Warum hat Israel so eine besondere Bedeutung?
Ich sage immer etwas salopp: Israel ist unsere Lebensversicherung. Es ist der einzige jüdische Staat auf der Welt. Als Jude kann ich nach dem Nationalstaatsgesetz immer

in Israel eine Heimat finden. Im Übrigen haben auch Juden in Deutschland häufig Verwandte oder Freunde in Israel, sodass sie sich auch privat dem Land verbunden fühlen.

Welche Angebote gibt es in den Gemeinden für junge Juden?

Unsere Gemeinden haben stets ein Jugendzentrum, in dem mindestens an jedem Sonntag ein Programm für Jugendliche angeboten wird. Für Kinder gibt es zudem häufig Kindergottesdienste. Daneben veranstaltet der Zentralrat der Juden einmal im Jahr in wechselnden Städten die „Jewrovision". An diesem größten europäischen Tanz- und Gesangswettbewerb für jüdische Jugendliche nehmen sehr viele Jugendliche aus den Gemeinden teil. Sie proben viele Monate dafür und kommen dafür sehr gerne zusammen.

Wie unterscheidet sich ihr Alltag von dem nicht-jüdischer Jugendlicher?

In ganz vielen Dingen gar nicht. Schule und Hobbys wie vielleicht eine Sportart oder Musik bestimmen das Leben junger Juden ebenso wie das anderer Jugendlicher. Was sicherlich oft ein Unterschied ist, ist das Essen. Juden essen kein Schweinefleisch und einige achten auf eine koschere Küche, die also den jüdischen Speisegesetzen entspricht. Daher wird man diese jüdischen Jugendlichen eher nicht in einem Fast-Food-Restaurant antreffen. Und so wie manche nicht-jüdische Jugendliche am Wochenende in die Kirche oder in die Moschee gehen, gehen manche junge Juden in die Synagoge.

Wie kann man mehr über jüdisches Leben in Deutschland erfahren?

Zunächst bieten die jüdischen Museen, die es zum Beispiel in Berlin, Frankfurt und München gibt, eine gute Möglichkeit, das Judentum kennenzulernen. Daneben bieten jüdische Gemeinden auch oft Synagogenführungen oder einen Tag der offenen Tür an. Ansonsten sollten die Schulen auch Wissen über das Judentum vermitteln, und zwar auch jenseits der Schoa. Es ist uns ganz wichtig, dass Schüler die Vielfalt der jüdischen Religion und Geschichte kennenlernen. Aus erster Hand kann man bei unserem Projekt *„Meet a Jew"*[24] etwas übers Judentum erfahren. Unsere

24 Meet a Jew (deutsch: „Triff einen Juden") ist ein Projekt des Zentralrats der Juden in Deutschland, bei dem Kinder und Jugendliche Juden begegnen und ihnen Fragen stellen dürfen. Durch die Gespräche sollen anti-

Freiwilligen gehen in Schulklassen oder zu Vereinen, erzählen dort von ihrem jüdischen Alltag und sind für alle Fragen offen.

2021 feierten wir 1700 Jahre jüdisches Leben in Deutschland. Haben Sie den Eindruck, dass durch dieses besondere Jahr auch bei vielen Nichtjuden der Blickwinkel auf jüdisches Leben geschärft wurde?
Das war auf jeden Fall die Absicht dieses Festjahres. Bisher bekamen wir viel Resonanz bei den Veranstaltungen und in den Medien, sodass ich davon ausgehe, dass wir viele Menschen erreicht haben.

Herr Präsident, was ist Ihr Rat an uns junge Menschen? Was sollten wir unbedingt ausprobieren, um das Judentum besser zu verstehen?
Wenn Ihr die Möglichkeit habt, euch mal durch eine Synagoge führen zu lassen, dann solltet Ihr das machen. Dort könnt Ihr dann auch bestimmt mit einem Rabbiner oder mit jemandem von der Gemeinde sprechen. Außerdem könnt Ihr mal schauen, ob Ihr die jüdische Gemeinde eures Ortes oder den Zentralrat der Juden

---

semitische Vorurteile abgebaut und Wissen über Juden und ihr Leben in Deutschland vermittelt werden. Mehr unter: *www.meetajew.de*

auf Instagram oder Facebook findet. Es gibt auch sehr spannende Podcasts zu jüdischen Themen. Und schließlich würde ich auf jeden Fall empfehlen, koschere Gummibärchen zu probieren!

Dr. Josef Schuster,
geboren 1954 in Haifa (Israel), ist Internist und seit November 2014 Präsident des Zentralrats der Juden in Deutschland. Die Präsidentschaft ist ein Ehrenamt.
Dr. Schuster leitet die wichtigsten Gremien des Zentralrats und vertritt den Zentralrat bei Gesprächen mit der Politik, den Medien und anderen Verbänden sowie mit Religionsgemeinschaften. Zugleich ist Schuster Vizepräsident des World Jewish Congress und des European Jewish Congress.

Vita Esther Bejarano

15. Dez.1924	Geburt in Saarlouis als Tochter von Rudolf und Margarethe Loewy. Rudolf ist Religionslehrer und Kantor in der jüdischen Gemeinde, die Mutter Hausfrau und Lehrerin. Esther ist das jüngste von insgesamt fünf Kindern; ein Bruder stirbt im Jahr seiner Geburt.
1926	Umzug der Familie nach Saarbrücken. Der Vater tritt dort die Stelle des Oberkantors in der Synagoge an.
1935	Volksabstimmung, die zur Wiederangliederung des Saarlandes an das Deutsche Reich führt. Die Lage der Juden und Jüdinnen in Saarbrücken verschlechtert sich erheblich.
1936	Umzug der Familie nach Ulm. Der Vater wird hier Direktor der jüdischen Schule und zugleich Kantor der jüdischen Gemeinde. Esther darf keine allgemeinbildende Schule mehr besuchen; sie

kommt auf das jüdische Landschulheim Herrlingen. Die Geschwister verlassen Deutschland. Gerhard geht in die USA, Tosca nach Palästina und Ruth nach Oberschlesien in ein Vorbereitungslager für die Auswanderung nach Palästina.

9. Nov. 1938	Reichspogromnacht. Esthers Vater wird verhaftet, verhört und nach drei Tagen wieder freigelassen. Die Schwester Ruth, in Schlesien, wird schwer misshandelt und schlägt sich nach Ulm durch, wo sie über mehrere Wochen im Krankenhaus behandelt werden muss. Danach wird sie zu einer jüdischen Familie in den Niederlanden geschickt. Die Auswanderungsbemühungen der Eltern zusammen mit Esther scheitern.
1940	Esther geht in ein Vorbereitungslager nach Ahrensdorf bei Berlin in der Hoffnung, nach Palästina zu gelangen. Die Eltern machen sich auf den Weg nach Breslau, finden dort Arbeit.

1941	Die Nationalsozialisten beginnen mit der systematischen Vernichtung von Juden. Zu den frühesten Opfern gehören auch Esthers Eltern; dies erfährt sie allerdings erst nach dem Krieg. Rudolf und Margarethe werden im November 1941 von Breslau nach Kowno in Litauen deportiert und dort mit 1000 anderen Juden in Fort IX erschossen. Ebenfalls nach dem Krieg erfährt Esther, dass ihre Schwester Ruth nach ihrer Flucht in die Niederlande im November 1942 ins KZ Auschwitz deportiert wurde und dort verschollen ist. Esther selbst wird 1941 zur Zwangsarbeit im Lager Neuendorf bei Fürstenwalde einbestellt.
1943	Das Lager Neuendorf wird aufgelöst
20. April 1943	Esther wird in das Vernichtungslager Auschwitz deportiert. Sie erhält die Häftlingsnummer 41948, die ihr tätowiert wird. Das Tattoo lässt sie sich in den 1980er-Jahren entfernen.

Mai–Okt. 1943	Esther ist dem Musik-Kommando zugeteilt, dem sogenannten „Mädchenorchester von Auschwitz". Gegen Ende der Zeit wird sie krank (Bauchtyphus). Auf Bestreben des SS-Hauptscharführers Otto Moll wird sie auf eine christliche Krankenstation verlegt, wo sie eine bessere Versorgung erhält.
Nov. 1943	Nachdem Esther genesen ist, kommt sie mit 70 anderen jungen Frauen ins KZ Ravensbrück. Der Grund: Eine Spur „arischen Bluts" in ihren Adern. Ihre Großmutter väterlicherseits war nichtjüdischer Abstammung, weshalb ihr Vater als Halbjude eingestuft wird.
	Gegen Ende des Kriegs werden die Insassen des Lagers auf einen sogenannten Todesmarsch nach Westen geschickt. Die SS-Bewacher ziehen sich zurück, fliehen, sodass die Insassen in Mecklenburg von amerikanischen und russischen Truppen aufgenommen werden.

Juli 1945	Esther erreicht das DP-Camp Bergen-Belsen. Sie verfolgt ihren alten Plan, nach Palästina zu gehen, um dort auch ihre Schwester Tosca zu treffen. In Bergen-Belsen wird sie am 27. Juli 1945 Zeugin eines Konzerts von Yehudi Menuhin.
August 1945	Esther reist mit dem Zug über Frankfurt am Main nach Marseille, wo sie mit dem Schiff Mataroa nach Atlit (südlich von Haifa) übersetzt. Sie findet Aufnahme bei der Familie ihrer Schwester, bald folgt ein erster Job in einer Zigarettenfabrik, danach arbeitet sie als Haushaltshilfe. Hartnäckig verfolgt Esther ihr Ziel, Sängerin zu werden. Sie beginnt ein Gesangsstudium in Tel Aviv und schließt sich nach der zweijährigen Ausbildung dem Arbeiterchor Ron an.
1947	Auftritt mit dem Chor bei den 1. Weltfestspielen der Jugend und Studenten in Prag. Danach folgt ein vierwöchiger Aufenthalt in Paris.

1948	Esther wird zum Militärdienst eingezogen und in Jaffa stationiert. Aufgrund der Nähe zu Tel Aviv muss sie ihre Gesangsstunden nicht unterbrechen.
1949	Esther wird von der Armee beurlaubt, um bei den 2. Weltfestspielen der Jugend und Studenten mitzuwirken, diesmal in Budapest. Sie lernt ihren späteren Ehemann Nissim kennen.
23. Jan. 1950	Hochzeit mit Nissim
16. Mai 1951	Geburt der Tochter Edna
2. Dez. 1952	Geburt von Sohn Joram Esther arbeitet als Hausfrau und Mutter, der Mann ist als Lkw-Fahrer viel unterwegs.
1960	Ausreise der Familie nach Deutschland. Die Reise finanzieren sie über eine Wiedergutmachungszahlung, die Esther aufgrund ihrer KZ-Haft erhalten hat. Als Gründe für die Rückkehr nach Deutschland gibt sie das Klima in Israel

und die Veränderung der politischen Lage an.

1. Juni 1960 Ankunft der Familie in Hamburg.
Esther und Nissim erhalten die deutsche Staatsbürgerschaft.
Esther übernimmt eine Wäscherei in Hamburg-Altona. Später möchte sie eine Diskothek im nahe gelegenen Uetersen übernehmen. Dies endet in einem Fiasko. Neonazis, die erfahren haben, dass die Betreiber Juden sind, machen Krawall und vertreiben die Gäste. Diese Erfahrung ist für Esther der Auslöser, ihre eigene Geschichte zu erforschen und öffentlich zu machen.

1978 Esther tritt der Vereinigung der Verfolgten des Nazi-Regimes bei.

1986 Esther gründet den Verein „Auschwitz-Komitee" in der Bundesrepublik Deutschland. Sie tritt in Schulen, bei Gewerkschaften, Gedenkfeiern und Kundgebungen auf, engagiert sich in der Friedensbewegung.

1987 Veröffentlichung der LP „Vögel träumen auf den Zweigen (Lieder aus dem Widerstand)". Bei den Begleitmusikern handelt es sich um die Band *Siebenschön*, die sie Mitte der 80er-Jahre mitgründete. Mit dieser Band tritt sie 1987 auch in Vancouver auf.

1994 Auszeichnung mit der Biermann-Ratjen-Medaille in Hamburg. Mit ihr werden Personen und Gruppen geehrt, die sich durch künstlerische oder andere kulturelle Leistungen um Hamburg verdient gemacht haben.

1995 Auftritt der Gruppe auf Betreiben von Antje Vollmer vor dem Deutschen Bundestag. Im gleichen Jahr erscheint das Album „Lieder für das Leben".

1999 Nissim verstirbt nach längerer Krankheit. Er wird in Hamburg beigesetzt.

2007 Erster Kontakt mit der Rap-Band „Microphone Mafia".

Es entsteht eine enge Zusammenarbeit zwischen der deutsch-türkisch-italienischen Rap-Gruppe, die sich 1989 formierte, und Esther Bejarano. Ursprünglich waren sechs Songs angedacht, hieraus entstehen mehrere Alben. Aus einigen Konzerten werden mehrere Hundert. Bis kurz vor ihrem Tod ist Esther Bejarano aktives Mitglied dieses Musikprojekts und steht immer wieder mit der Band auf der Bühne. Sie erreicht Tausende Menschen, vor allem aber eine junge Zielgruppe, der sie über die Musik ihre wichtige Botschaft weitergeben kann. *„Mit euch erreiche ich die Jugend“*, sagt Esther Bejarano über die ungewöhnliche Kooperation.

2008 — Esther Bejarano erhält den Verdienstorden der Bundesrepublik Deutschland.

April 2011 — Besuch von Esther Bejarano in Saarlouis aus Anlass der Verlegung der ersten „Stolpersteine“ in der Stadt. Sie nimmt an einer Veranstaltung zusammen mit Künstler Gunter Demnig teil. Weitere Besuche in der Stadt folgen u.a. im Sommer 2012 und zum Holocaust-Gedenktag am 27. Januar 2013.

2012 Verleihung des Großen Bundesverdienstkreuzes durch den Hamburger Bürgermeister Olaf Scholz. Er unterstreicht die Lebensleistung der Künstlerin und Friedensaktivistin:
„Esther Bejarano widmet ihre Zeit der Erinnerungskultur in unserem Land. Sie ist beharrlich. Sie engagiert sich seit mehr als 25 Jahren gegen Rechtsradikalismus und klärt Jugendliche über die Zeit des Nationalsozialismus auf. Warum sie das macht, das erklärt ihr Leben. Wie sie das macht, ist beispielhaft."

2014 Verleihung der Ehrenbürgerwürde der Stadt Saarlouis durch Oberbürgermeister Roland Henz. „Ich gehöre zu Euch, und Ihr gehört zu mir", sagt Esther Bejarano aus diesem Anlass. Der Oberbürgermeister würdigt in besonderer Weise ihr Engagement im Kontext von Holocaust und Shoah, Flucht und Vertreibung. *„Mit ihrem Einsatz gibt Esther Bejarano der Geschichte und somit auch unserer Geschichte ein Gesicht, einen Namen und einen Sinn“*, so Oberbürgermeister Henz.

3. Mai 2021 Bei einem ihrer letzten öffentlichen Auftritte bekräftigt sie ihre Forderung, dass der 8. Mai in Deutschland Feiertag werden muss: „Der 8. Mai muss ein Feiertag werden! Ein Tag, an dem die Befreiung der Menschheit vom NS-Regime gefeiert werden kann. Das ist überfällig seit sieben Jahrzehnten und hilft vielleicht, endlich zu begreifen, dass der 8. Mai 1945 der Tag der Befreiung war, der Niederschlagung des NS-Regimes.“ Esther Bejarano forderte dies auch bereits im Januar 2020 in einem offenen Brief an „den sehr geehrten Herrn Bundespräsidenten, die sehr geehrte Frau Bundeskanzlerin und alle, die wollen, dass Auschwitz nie wieder sei“.

12. und 13. Juni 2021	Aufzeichnungen der Interviews für das vorliegende Buch in Hamburg.
10. Juli 2021	Esther Bejarano verstirbt in Hamburg. Politiker aus dem In- und Ausland würdigen ihr Engagement gegen Antisemitismus und Fremdenfeindlichkeit. Bundeskanzlerin Angela Merkel schreibt an die Angehörigen: *„Sie hat uns vor Augen geführt und gemahnt, dass wir diesen Zivilisationsbruch niemals vergessen dürfen. Sie hat unsere Verantwortung, eine menschliche Zukunft zu gestalten, deutlich gemacht."* Esther Bejarano wird auf dem jüdischen Friedhof in Hamburg-Ohlsdorf beigesetzt.

Heute Nacht ist eine
wichtige Stimme im Kampf
gegen Rassismus
und Antisemitismus
von uns gegangen.

Die wundervolle Esther Bejarano
überzeugte mit ihrer Lebenskraft
und unglaublichen Geschichte.

Ihre Stimme wird uns fehlen.

Heiko Maas
Bundesaußenminister[25]

---

25 Twittermeldung vom 10. Juli 2021: *https://twitter.com/heikomaas/status/1413772640997855236?lang=de;* zuletzt abgerufen am 2.11.2021

Danksagung

Wenn dieses Buch erscheint, lebt Esther Bejarano nicht mehr. Wir hatten es bereits geahnt ...

Ihr gilt natürlich aus tiefstem Herzen unser Dank, nicht nur für das Gespräch, sondern für ein außergewöhnliches Leben. Nach all dem, was dieser Frau angetan wurde, hat sie uns die Hand gereicht und uns geholfen. Die Dimension solcher Begegnungen wird uns wahrscheinlich erst in vielen Jahren bewusst.

Florian Bessel und Kay Moritz Ebbinghaus haben sich gut auf die Begegnung vorbereitet. Sie haben recherchiert und sich mit dem dunkelsten Teil der deutschen Geschichte befasst. Dies war kein Schulprojekt, sondern sie haben es aus eigener Überzeugung begleitet. Es ist gut zu wissen, dass junge Menschen sich deutlich positionieren gegen Intoleranz, gegen Fremdenfeindlichkeit und Antisemitismus. Den beiden schulde ich meinen Dank ebenso wie Simone Sabel, die mich wieder einmal bei diesem Manuskript redaktionell begleitet hat.

Ralf Markmeier, Stefan Rüth und Ariane Roth haben dieses Buchprojekt mit großem Engagement und Hingabe begleitet. Es ist schön, dass der Bonifatius Verlag die Stimme der Esther Bejarano nicht verstummen lässt, sondern im Gegenteil mit viel persönlichem Einsatz dafür sorgt, dass dieses Buch eine möglichst große Verbreitung findet.

Leon Goretzka zeigt auf dem Spielfeld aber vor allem auch abseits des Rasens Haltung. Es ist eine Ehre und Freude, dass er dieser Publikation ein Vorwort voranstellt. Vielen Dank in diesem Zusammenhang auch an Raphael Brinkert.

Samuel Koch fand wunderbare Worte in seinem Vorwort und hilft Esthers Vermächtnis lebendig zu halten. Danke dafür.

Der Präsident des Zentralrats der Juden in Deutschland, Dr. Josef Schuster, hat unsere Fragen zum Holocaust und zu jüdischem Leben beantwortet. Wir freuen uns sehr, dass er uns dadurch unterstützt. Jutta Wagemann vom Zentralrat und Vizepräsident Abraham Lehrer haben Türen geöffnet und Kontakte ermöglicht. Dankeschön.

Laurence Chaperon ist zweifelsohne eine Künstlerin. Sie schafft es, Menschen zu öffnen, wie man an ihren beeindruckenden Fotos sieht. Dies ist ihr auch in Hamburg gelungen. Wir sagen *Danke*, dass wir Fotos von ihr für dieses Buch verwenden dürfen!

Ebenso gilt unser Dank der Lamalo Consulting GmbH.